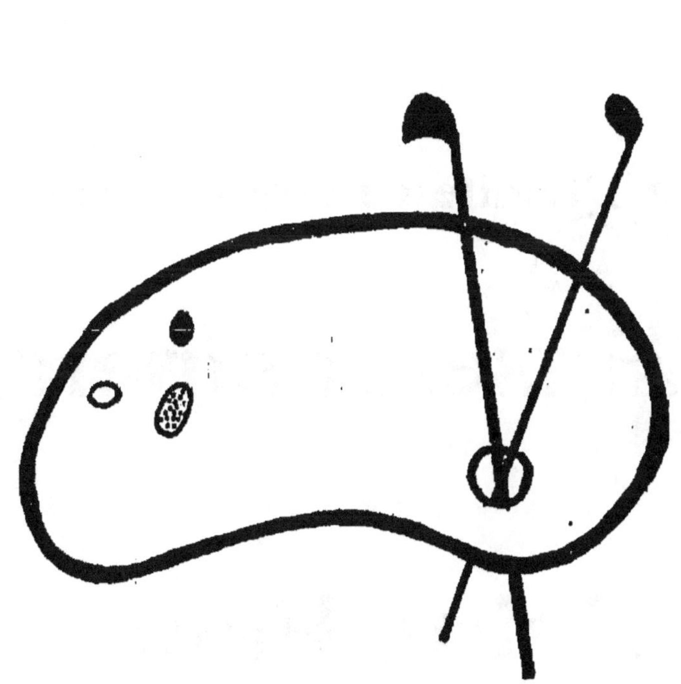

DEBUT D'UNE SERIE DE DOCUMENTS
EN COULEUR

SCIENCE ET RELIGION

Etudes pour le temps présent

Henri COUGET

La Divinité de Jésus-Christ

L'Enseignement

de

Saint Paul

BLOUD & Cie

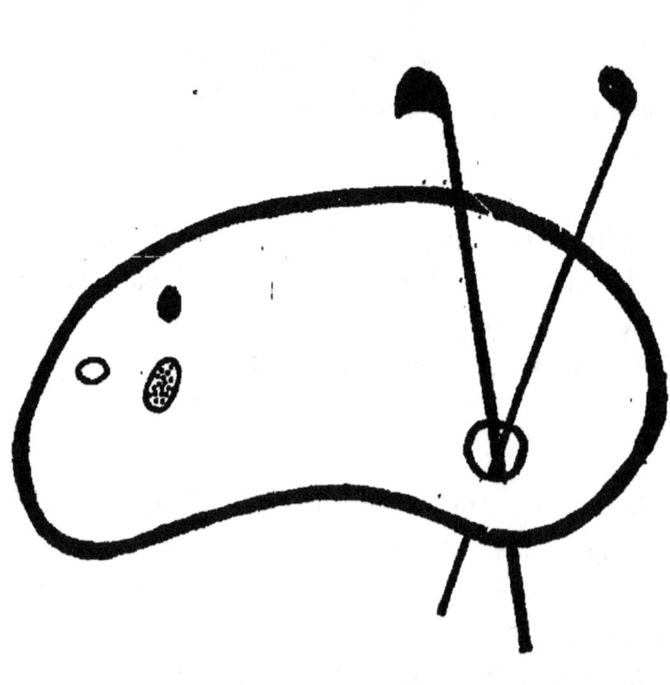

**FIN D'UNE SERIE DE DOCUMENTS
EN COULEUR**

LA DIVINITÉ DE JÉSUS-CHRIST

L'ENSEIGNEMENT DE SAINT PAUL

SCIENCE ET RELIGION
Études pour le temps présent

LA DIVINITÉ DE JÉSUS-CHRIST

L'ENSEIGNEMENT DE SAINT PAUL

PAR

Henri COUGET

PARIS

LIBRAIRIE BLOUD & Cⁱᵉ

4, RUE MADAME

Reproduction et traduction interdites.

OUVRAGES DU MÊME AUTEUR :

La Sainte Trinité et les doctrines Antitrinitaires, Etude historique. — 2 vol. Collection *Science et Religion.*

La Divinité de Jésus-Christ. — Tome I. *La Catéchèse apostolique.* 1 vol. Collection *Science et Religion.*

EN PRÉPARATION

La Divinité de Jésus-Christ. — Tome III. *L'Enseignement de saint Jean.* — Tome IV. *La Doctrine des Pères Apostoliques.*

IMPRIMATUR :

Parisiis, die 12ª Februarii 1906. G. LEFEBVRE *vic. gén.*

LA DIVINITÉ DE JÉSUS-CHRIST

L'ENSEIGNEMENT DE SAINT PAUL

CHAPITRE PREMIER

La prédication de Saint Paul d'après les Actes des Apôtres.

Après le martyre du diacre Etienne, une persécution violente sévit à Jérusalem. Les fidèles se dispersent en Judée et en Samarie, tandis que, seuls, les Apôtres restent dans la Ville sainte. Un pharisien, jeune et dans toute l'ardeur de sa foi légaliste, ravage l'Eglise, force les demeures, jette les disciples en prison, les poursuit en dehors de la cité, sur les routes, jusqu'à Damas. Converti brusquement, à quelque distance de la capitale de l'Antiliban, Saul devient l'apôtre aussi zélé de la nouvelle religion qu'il en avait été le persécuteur fanatique. Le Seigneur lui est apparu : c'est de lui seul qu'il prétend tenir son Evangile et sa mission. « Fort de cette conviction, il s'impose comme apôtre aux Douze, qu'il n'a jamais vus, et à l'Eglise, — et il n'est pas exagéré de dire qu'on l'a subi. Il ne demande ni l'investiture, ni même la reconnaissance de son mandat aux chefs de la communauté chrétienne ; il ne se rend pas à Jérusalem pour faire contrôler son Evangile et pour s'informer des détails de la vie de Jésus auprès de ceux qui l'avaient suivi depuis le baptême de Jean jusqu'à l'Ascension. Il semble les ignorer ; il se sait indépendant ; son apostolat et sa doctrine ne relèvent pas d'eux. Veut-il méditer et réfléchir sur la grâce qui lui est donnée, c'est le désert d'Arabie qui l'accueille en solitaire. Trois ans après seulement, il visite Pierre, auprès duquel il demeure quinze jours. C'est le seul apôtre qu'il ait fréquenté. L'apparition subite de Paul et son attitude dès l'instant de sa conversion, nous semblent, entre tous les événements des origines chrétiennes, extraordinaires et même étranges. C'est l'égalité complète aux chefs officiels qu'il revendique; sans supporter la discussion, il s'attribue l'autonomie absolue dans la direction des églises qu'il fondera et l'indépendance de sa doctrine. On pourrait presque dire qu'en ce jour un nouveau foyer d'Evangile se constituait à côté de l'autre (1). »

A peine baptisé, pendant les « quelques jours » qu'il reste à Damas, avec les disciples, Paul fréquente aussitôt les synagogues, pour y prêcher « *que Jésus est le Fils de Dieu* (2). » Il ne faut voir probablement, dans ce texte, que le dessein du rédacteur, qui est de signaler la soudaineté et la profondeur du changement d'attitude du persécuteur. Deux versets plus loin, l'écrivain se montre, quoique encore bref, plus précis sur la méthode du converti : « Cependant Saul se fortifiait de plus en plus, et il confondait les Juifs qui habitaient Damas, *démontrant que Jésus est le Christ* (3) », c'est-à-dire le Messie.

Au récit des missions se trouvent développés les procédés d'évangélisation du nouvel apôtre.

<hr>

(1) R. P. Rose, *Comment S. Paul a connu Jésus-Christ ; Revue biblique*, 1ᵉʳ juillet 1902, p] 321.
(2) *Actes*, IX, 20.
(3) *Actes*, IX, 22.

Dans les villes qu'il traverse, il s'adresse d'abord aux Juifs et parle dans leurs synagogues (1), ou ailleurs quand il n'y a pas de synagogue (2). Repoussé des Juifs, il se tourne vers les païens (3) et leur parle sur la place publique (4), dans les maisons (5), dans les écoles (6); et son argumentation n'est pas la même, pour les Juifs que pour les païens. « Je me suis fait Juif pour les Juifs, afin de gagner les Juifs, écrivait-il aux Corinthiens (7); pour ceux qui sont sans loi (8), je suis devenu comme un homme sans loi; et cela pour gagner ceux qui sont sans loi. Je me suis fait tout à tous. » Ceci caractérise sa méthode.

Aux Israélites, Paul annonce que Jésus est le Sauveur promis à Israël. Lors de sa première mission, dans son discours à Antioche de Pisidie (9), — qui est le premier en date que l'historien ait conservé et résumé, — il rappelle d'abord les promesses faites aux anciens. Dieu s'est choisi ce peuple. Il l'a protégé en Egypte, dans le désert, au pays de Chanaan, lui a donné des juges, puis un roi. C'est de David qu'il a suscité le Sauveur, qui est Jésus et en qui les prophéties se sont accomplies. Au baptême de Jean s'est manifestée publiquement son élection divine, selon ce qui est écrit de lui : « Tu es mon Fils, je t'ai engendré aujourd'hui. » Il a été crucifié, mais Dieu l'a ressuscité des morts, suivant la prophétie. Ressuscité, Jésus est apparu à ceux qui ont été ses témoins. La promesse de résurrection ne s'appliquait pas à David, qui est encore au tombeau. La prophétie ne s'est réalisée qu'en Jésus, le Fils de

(1) *Actes*, XIII, 5, 14, 15; XIV, 1, etc.
(2) XVI, 13.
(3) XIII, 46-48 ; XVIII, 6, etc.
(4) XVII, 17, 19, 22, etc.
(5) XVIII, 7-11.
(6) XIX, 9.
(7) I *Cor.*, IX, 20.
(8) C'est-à-dire, pour ceux qui ne sont pas soumis à la loi mosaïque.
(9) XIII, 16-41.

David. Le Christ est donc ressuscité pour ne plus mourir, c'est-à-dire, pour vivre éternellement. La loi de Moïse est désormais impuissante à justifier. Le pardon des péchés ne peut être obtenu que si l'on croit en Jésus : seule la foi en Jésus peut sauver.

Ce discours, attribué à Paul, est digne de remarques. La première partie, la partie historique (16-24) n'est pas sans analogie avec le discours du diacre Étienne. La finale (38-42), qui proclame l'impuissance de la loi mosaïque dans l'ordre du salut, et la justification par la foi, porte bien la marque de l'apôtre des Gentils. Reste le corps du discours, proprement christologique, dans lequel Paul ne se met pas en scène une seule fois ; il ne fait allusion ni à sa connaissance personnelle du Christ, ni aux révélations qu'il a reçues. Il ne se donne que pour un témoin secondaire. Toute son argumentation est fondée sur la résurrection de Jésus ; et la preuve de cette résurrection, c'est que Jésus « est apparu » non pas à lui, Paul, mais « pendant plusieurs jours à ceux qui étaient montés avec lui de la Galilée à Jérusalem, et qui sont maintenant ses témoins auprès du peuple (1) ». Il fait donc appel au témoignage des Douze et appuie son dire sur l'affirmation de ceux qui ont reçu la mission officielle de se porter garants de la résurrection du Sauveur. — En second lieu, le Christ qu'il prêche, ce n'est pas encore, comme dans ses Épîtres, le Christ glorifié, le Christ éternel, c'est le Christ de l'histoire. — Enfin son apologétique est exactement la même que celle de Pierre, au lendemain de la Pentecôte : *il reproduit le thème ordinaire de la catéchèse primitive.* On a vu plus haut (2) comment Pierre faisait reposer toute sa doctrine sur ce fait, dont il était le témoin irrécusable, que Jésus était res-

(1) *Actes*, XIII, 31.
(2) Tome I, chap. II, § 1.

suscité et sur cette preuve scripturaire que Jésus avait réalisé les prophéties relatives au Messie. Paul n'innove en rien. Jésus est ressuscité, dit-il, et il en appelle au témoignage des Douze. Jésus a ainsi réalisé les prophéties relatives au Messie, et ici il suit servilement l'argumentation mise en œuvre par Pierre ; c'est le même texte prophétique qui est à la base : tu ne permettras pas que ton Saint voie la corruption ; c'est la même exégèse : or David est mort et a vu la corruption ; c'est donc la résurrection du Christ que le prophète a prévu et Jésus en ressuscitant a prouvé qu'il était ce Christ. La ressemblance est parfois presque littérale ; certaines expressions sont identiquement les mêmes et le discours de Paul semble n'être qu'un pastiche de ceux du chef du collège apostolique. On s'en rendra mieux compte par le tableau suivant :

DISCOURS DE PIERRE

« ... Le Dieu de nos pères a glorifié son serviteur Jésus que vous avez livré et *renié* devant *Pilate*, alors que *celui-ci jugeait devoir le relâcher*... vous l'avez *fait mourir*... je sais que vous avez agi par *ignorance* (κατὰ ἄγνοιαν), comme du reste vos *chefs* (οἱ ἄρχοντες) mais Dieu a *accompli* de la sorte ce qu'il *avait annoncé d'avance* par la bouche de tous ses prophètes que son Christ souffrirait (III, 13-18).

Mais Dieu l'a ressuscité des morts, (ὃν ὁ Θεός ἤγειρεν ἐκ νεκρῶν) ce dont nous sommes tous témoins (III, 15)... et il a permis qu'il *apparût,* non à tout le peuple, mais aux *témoins* choisis d'avance par Dieu, à nous qui avons mangé et bu avec lui, après qu'il fut ressuscité des morts. Et il nous a ordonné de *prêcher au peuple et d'attester...* (X, 41).

DISCOURS DE PAUL

« Les habitants de Jérusalem et leurs *chefs* (οἱ ἄρχοντες) ont *méconnu* (ἀγνοήσαντες) Jésus, et ils ont *accompli* les paroles des prophètes qui se lisent chaque sabbat, en le condamnant. Et quoi qu'il ne trouvassent rien *qui fût digne de mort,* ils ont demandé à *Pilate* de le *faire mourir.* Après qu'ils eurent *accompli tout ce qui est écrit de lui,* ils le descendirent de la croix et le déposèrent dans un sépulcre.

Mais Dieu l'a ressuscité des morts (ὁ δὲ Θεός ἤγειρεν αὐτόν ἐκ νεκρῶν) Il est *apparu* pendant plusieurs jours à ceux qui étaient montés avec lui

Dieu l'a ressuscité, en le délivrant des liens de la mort, *parce qu'il n'était pas possible qu'il fût retenu par elle.* Car *David* dit de lui : Je voyais le Seigneur devant moi constamment, parce qu'il est à ma droite, afin que je ne sois point ébranlé. C'est pour cela que mon cœur est dans la joie, et que ma langue est dans l'allégresse ; et même ma chair reposera avec espérance, car tu n'abandonneras pas mon âme dans le séjour des morts, et *tu ne permettras pas que ton Saint voie la corruption.* Tu m'as fait connaître les sentiers de la vie et tu me rempliras de joie par ta présence. Hommes frères, qu'il me soit permis de vous dire avec assurance, au sujet du patriarche *David,* qu'il *est mort,* qu'il *a été enseveli* et que son sépulcre existe parmi nous jusqu'à ce jour. Comme il était prophète et qu'il savait que Dieu lui avait juré avec serment de faire asseoir un de ses descendants sur son trône, c'est la *résurrection du Christ* qu'il a prévue et annoncée, en disant qu'il ne serait pas abandonné dans le séjour des morts et que sa *chair ne verrait pas la corruption.* C'est ce Jésus, *que Dieu a ressuscité ;* nous en sommes tous témoins (II, 24-32.

de la Galilée à Jérusalem, et qui sont maintenant ses *témoins auprès du peuple.*

Et nous, nous vous annonçons que la promesse faite à nos pères, *Dieu* l'a accomplie pour nous leurs enfants, *en ressuscitant Jésus,* selon ce qui est écrit dans le Psaume deuxième : Tu es mon Fils, je t'ai engendré aujourd'hui. Qu'il l'ait ressuscité des morts, de *telle sorte qu'il ne retournera pas à la corruption,* c'est ce qu'il a déclaré en disant : Je vous donnerai les grâces saintes promises à *David,* ces grâces qui sont assurées. C'est pourquoi il dit encore ailleurs : *Tu ne permettras pas que ton Saint voie la corruption.* Or *David,* après avoir en son temps servi aux desseins de Dieu, *est mort, a été réuni à ses pères, et a vu la corruption.* Mais celui *que Dieu a ressuscité n'a pas vu la corruption* (XIII, 27-37).

Les procédés de composition de l'écrivain ne suffisent pas, semble-t-il, à expliquer ces ressemblances. Que la langue soit la même, que des réminiscences de phrases déjà écrites influent sur la rédaction de l'historien, au moment où il reproduit ce discours, que l'analogie des situations amène l'analogie des formules, c'est très vraisemblable, mais la ressemblance est plus profonde, on l'a vu ; elle porte foncièrement et sur la doctrine et sur la méthode. Or sa longue et assidue fréquentation de l'Apôtre ne permettait pas à Luc d'ignorer la méthode et la doctrine de Paul et de lui prêter arbitrairement une apologétique qui n'eût pas été la sienne. Il faudrait peut-être rechercher les éléments d'une explication de cette similitude dans l'influence de Barnabé.

De son vrai nom Joseph, Barnabé avait vécu avec les Douze, dès l'origine de l'Eglise (1). A cause sans doute de son éloquence et de son don de parole, les Apôtres l'avaient surnommé « le fils de la prophétie ». Il s'était d'abord initié à la méthode de Pierre, et comme lui, il allait prêchant que Jésus était le Messie, parce qu'il était ressuscité. Il se sentait probablement porté à sortir du cadre de la petite communauté naissante et à remplir son apostolat auprès des infidèles. C'est lui, qui va au-devant de Paul quand, après sa conversion, le jeune pharisien essaie, à Jérusalem, de se mettre en rapport avec les disciples qui le craignent et l'évitent ; c'est lui qui se porte garant de sa sincérité, se fait, pour ainsi dire, son parrain, et lui ouvre par l'autorité de sa protection — car il était bon, rempli de foi et plein du Saint-Esprit (2) — les portes de la société chrétienne (3). Barnabé semble, en effet, avoir pris place parmi les dignitaires de la première communauté et y être écouté. Apprend-on que ses compatriotes, les Cypriotes, convertissent des Grecs dans la cité d'Antioche, on dépêche Barnabé pour s'assurer de la sincérité de ces nouveaux fidèles et s'enquérir de leurs croyances (4). Son enquête terminée et couronnée de succès, il se rend compte immétement — car il a de l'initiative, — que ce milieu est favorable à un apostolat d'un nouveau genre ; mais, pour réussir auprès de ces Hellénistes, il faut un apôtre d'une autre envergure que les Douze. Paul est l'homme de la situation. Barnabé n'hésite pas une seconde. Il

(1) *Actes*, IV, 36.
(2) *Actes*, XI, 24.
(3) IX, 26-23.
(4) XI, 20-21.

court à Tarse et ramène Paul à Antioche ; et pendant une année, tous deux, de concert, évangélisent la cité (1). Cette année fut sans doute décisive pour l'éducation apostolique de Paul. Il se forme à l'école de Barnabé. Il prend sa méthode qui est celle des Douze, et il prêche Jésus ressuscité. Bientôt la chrétienté est organisée dans cette ville. Les deux amis brûlent du désir d'étendre le champ de leur mission. Barnabé est surtout attiré vers sa patrie. Il entraîne Paul dans l'île de Chypre (2) ; puis de là ils se dirigent vers l'Asie-Mineure et arrivent à Antioche de Pisidie ; mais le caractère entier et indépendant de Paul commençait à peser à ses compagnons. Déjà Jean-Marc, le cousin de Barnabé, avait repris le chemin de Jérusalem (3). Plus tard les relations se brouilleront entre Paul et Barnabé ; une première divergence de vues se produira au moment du conflit d'Antioche ; Barnabé se rangera du côté de Pierre et Paul ne lui épargnera pas ses critiques (4) ; une nouvelle difficulté surgira au départ pour la deuxième mission ; il y aura de l'aigreur de part et d'autre, et chacun s'en ira de son côté (5).

Ce qui semble ressortir de ces récits, c'est que non seulement Barnabé a couvert Paul de son parrainage et l'a introduit dans la communauté hiérosolymite, mais encore qu'il l'a initié à l'apostolat et lui a donné une méthode d'évangélisation pendant les années qu'ils ont vécu ensemble. N'a-t-il pas aussi et plus profondément peut-être que Paul ne se l'imaginait, influencé sa doctrine pendant cette période de collaboration intime ? Rien d'étonnant, par suite, que dans ses premiers essais en Asie-Mineure, sous la direction de Barnabé,

(1) xi, 25-27.
(2) xiii, 4-13.
(3) xiii, 13.
(4) *Ep. aux Gal.*, ii, 13.
(5) *Actes*, xv, 37-40.

Paul reproduise les procédés apologétiques en usage dans l'Eglise naissante ; et ceci expliquerait en particulier son discours à Antioche de Pisidie. D'ailleurs il n'a, par lui-même, encore aucune autorité. Il n'a pas connu le Maître personnellement et il n'est pas comme Barnabé l'envoyé officiel des Douze. On comprend qu'il s'appuie sur le témoignage des témoins oculaires. Plus tard, pour les églises qui le connaîtront mieux, parce qu'il les aura lui-même fondées, il emploiera dans ses *Lettres* une méthode plus personnelle, mais alors il s'adressera à des croyants.

Il y a lieu, en effet, comme on l'a signalé plus haut (1), de distinguer entre l'évangélisation des non-chrétiens et l'instruction des convertis. A l'égard des premiers la prédication de Paul devait être plus concrète et plus pleine de faits ; il n'en était pas de même pour les seconds qui connaissaient déjà l'histoire de Jésus et avaient reçu l'Evangile oral (2). Même dans les *Epîtres* cependant « le crucifiement de Jésus est le premier thème fondamental de l'enseignement de Paul (3)... mais ce Messie obéissant, crucifié, enseveli est pour Paul comme pour Pierre, le *Christ Fils de Dieu* ; cette conviction, chez Pierre comme chez Paul, dépend de la conviction qu'ils ont que Jésus est ressuscité (4). Cette résurrection est le second thème fondamental de l'enseignement de Paul (5). » Lui-même rappellera aux Galates le récit qu'il leur a fait du crucifiement et de la mort de

(1) Tom. I, ch. I.
(2) « Elles (les Epîtres) nous donnent de la prédication de saint Paul ce qui en était la pensée intime : un raccourci, quelquefois indiqué seulement, du système selon lequel il organisait la foi au Christ ; mais sa prédication sûrement ne procédait pas ainsi. Et que la parole de l'apôtre ait dû se faire toute à tous, et que pour le plus grand nombre elle ait été une parole concrète et comme une leçon de faits, on n'en saurait douter. » Mgr BATIFFOL, *Six leçons sur les Evangiles*, p. 73.
(3) I *Cor.*, I, 23 ; II, 2, 8 ; *Gal.*, VI, 14 ; *Philip.*, II, 7-9 ; *Rom.*, V, 19 ; *Colos.*, I, 20, etc.
(4) *Rom.*, IV, 25 ; VII, 4 : I *Cor.*, V, 7-8 ; XV, 3-8, etc.
(5) Mgr BATIFFOL, *Six leçons sur les Evangiles*, p. 85-86.

Jésus (1); — aux Corinthiens, comment il a procédé à leur conversion. Nous ne pouvons avoir à ce sujet de meilleur témoignage que le sien : « Je vous rappelle, frères, l'*évangile que je vous ai prêché* et que vous avez reçu et dans lequel vous persévérez et par lequel vous êtes sauvés, si vous retenez fermement le sens où je vous l'ai annoncé, à moins que vous n'ayez cru en vain. *Car je vous ai transmis avant tout ce que j'ai moi-même reçu,* à savoir : Le Christ est mort pour nos péchés, conformément aux Ecritures, et il a été mis au tombeau et il est ressuscité le troisième jour, selon les Ecritures, et il est apparu à Céphas, puis aux Douze. Il est apparu ensuite à plus de cinq cents frères à la fois, dont le plus grand nombre vit encore, mais dont quelques-uns sont morts. Il est apparu ensuite à Jacques, puis à tous les apôtres. Il m'est apparu à moi aussi, après tous... Or, *que ce soit moi, ou que ce soit eux, voilà ce que nous prêchons* et voilà ce que vous avez cru (2). »

Ainsi, il prêche le même Evangile que les Douze. Et le discours aux Juifs d'Antioche de Pisidie nous représenterait en substance l'Evangile enseigné par Paul dans les synagogues. Il a reçu une tradition qu'il transmet fidèlement. S'il déclare qu'il « n'a appris son Evangile d'aucun homme, qu'il l'a reçu, non par voie d'enseignement, mais par révélation de Jésus-Christ (3) »,

(1) *Gal.,* III, 1.
(2) I *Cor.,* xv, 1-11.
(3) *Galat.,* I, 12. — Il écrit encore avec plus de netteté aux Corinthiens : « *J'ai appris moi-même du Seigneur ce que je vous ai enseigné.* » (I *Cor.,* XI, 23.) Il y a donc lieu de faire le départ, dans l'œuvre de saint Paul, des éléments essentiels de sa doctrine qu'il a connus par une révélation personnelle du Christ, et des éléments secondaires, des renseignements de faits qu'il a puisés dans la communauté chrétienne. C'est à ces éléments secondaires que l'on fait ici allusion. Il est clair que le témoignage de Paul constitue une source de la plus haute importance, puisque ce témoignage reproduit un enseignement direct de Jésus-Christ ; et il faut alors se demander quelle est la part qu'a eue la révélation directe dans la formation intellectuelle de l'Apôtre, comment elle a agi sur ses facultés, dans

il ajoute cependant que trois ans après sa conversion, il est monté à Jérusalem pour y faire la connaissance de Céphas, passer quinze jours avec lui et voir Jacques, le frère du Seigneur (1). Avant de se séparer de Barnabé et d'entreprendre sa deuxième mission, quatorze ans après, dit-il, il retourna à Jérusalem ; — on y tient le premier Concile. Il expose « l'évangile qu'il prêche aux païens ». Il l'expose, en particulier, à ceux qui étaient les plus considérés, demandant si vraiment il court ou il a couru en vain. Il fait ainsi contrôler son Évangile par ceux qui sont autorisés. Le concile l'approuve. Jacques, Céphas et Jean, qui étaient regardés comme les colonnes de l'Eglise, lui donnent la main en gage d'assentiment (2). Encore qu'il ait reçu de Jésus glorifié le message évangélique, Paul « rapporte ce que l'on savait et ce que l'on disait dans les sphères officielles de Jérusalem, aux premiers jours du christianisme. Il n'est qu'un organe et il a conscience de transmettre une tradition, sans l'interpréter et sans la modifier. Les événements qu'il rapporte ne sont pas le résultat d'une construction théologique ; ils ne sont pas inspirés par des combinaisons et des rapprochements de textes ; il les a recueillis après une enquête bien informée ; il a remonté le courant évangélique jusqu'à sa source. L'idée n'a pas créé le fait, puisque la foi en Jésus

quelle mesure et avec quelle garantie, etc. « Le Christ s'est révélé à Lui, c'est-à-dire, Jésus lui est apparu vivant et par conséquent comme le Messie de Dieu. Voilà la conviction intellectuelle qui fut décisive. Il n'a pu se la donner à lui-même, il n'y était pas préparé... saint Paul (d'après son témoignage, etc...) a été mis en face de Jésus ressuscité. Le Christ glorieux s'est laissé voir, il s'est montré à lui non pas comme un spectre morne et éteint, mais comme un être vivant ; non comme un fantôme muet, mais comme source de vérité, comme révélateur d'évangile et d'apostolat ; visible surtout à son cœur ; parlant à son oreille en langue hébraïque, parlant à son esprit en un langage nouveau qui y enracinait des convictions nouvelles. » R. P. Rose, *Comment saint Paul a connu Jésus-Christ ; Revue biblique,* 1ᵉʳ juillet 1902, p. 321 et suiv.

(1) *Galat.,* I, 18-19.
(2) *Galat.,* II, 1-10.

Messie n'a pas été antérieure et préexistante à la certitude de la résurrection. Pour lui, comme pour tous les apôtres, Jésus a été démontré Christ et Fils de Dieu par sa victoire du jour de Pâques (1). »

Paul repart en Asie-Mineure et continue à utiliser la catéchèse apostolique. A Thessalonique, il établit devant les Juifs « que le Christ devait souffrir et ressusciter des morts, que le Jésus qu'il annonce est ce Christ (2) ». A Corinthe, il « atteste aux Juifs que Jésus est le Christ (3) ». A Milet, il rappelle aux Anciens d'Ephèse ce qu'il leur a enseigné, « annonçant aux Juifs et aux Grecs la repentance envers Dieu et la foi en Notre-Seigneur Jésus (4)... qui s'est acquis l'Eglise par son propre sang (5) » et leur « prêchant le royaume de Dieu (6) ». A Césarée, le gouverneur Festus s'étonne de son enseignement « sur un certain Jésus qui est mort et que Paul affirmait être vivant (7) ». Devant Agrippa, Paul proclame qu'il « rend témoignage devant les petits et les grands, sans s'écarter en rien de ce que les prophètes et Moïse ont déclaré devoir arriver, savoir que le Christ souffrirait, et que, ressuscité le premier d'entre les morts, il annoncerait la lumière au peuple et aux nations (8) ». A Rome, il « annonce le royaume de Dieu, en rendant témoignage, et en cherchant, par la loi de Moïse et par les prophètes, à convaincre les Juifs depuis le matin jusqu'au soir de ce qui concerne Jésus (9) » ; et pendant deux ans il y « prêche le royaume de Dieu et

---

(1) R. P. Rose, *Etudes sur les Evangiles*, p. 293.
(2) *Actes*, XVII, 3.
(3) XVIII, 5.
(4) XX, 21.
(5) XX, 28.
(6) XX, 25.
(7) XXV, 19.
(8) XXVI, 22-23.
(9) XXVIII, 23.

enseigne ce qui concerne le Seigneur Jésus-Christ (1) ».

Si l'on rapproche de ces textes, un fait isolé, celui d'un philosophe alexandrin, juif d'origine, du nom d'Apollos, instruit, on ne sait par qui, « dans la voie du Seigneur », qui enseignait dans la synagogue d'Éphèse « avec exactitude ce qui concerne Jésus, bien qu'il ne connût que le baptême de Jean », puis, à Corinthe, où il « réfute vivement les Juifs en public, démontrant par les Écritures que Jésus est le Christ (2) », on se convaincra que, à l'égard des Juifs, il n'y avait pour Apollos, pour Paul, pour Barnabé et pour les autres missionnaires cypriotes et cyrénéens (3) comme pour les Douze, qu'une méthode, la même pour tous en substance, et qu'elle consistait à établir que Jésus était le Messie parce qu'il était ressuscité, conformément aux Écritures. C'est là toute l'apologétique primitive. On comprend, dès lors, en quel sens le rédacteur a pu résumer l'enseignement de Paul dans une formule aussi brève et aussi laconique : « et aussitôt (après sa conversion) il prêcha dans les synagogues que Jésus est le Fils de Dieu. (4) »

Avec les païens qui ne fréquentent pas les synagogues, le fondement de la doctrine de Paul reste le même : Jésus ressuscité ; mais la méthode change d'aspect. Il ne s'agit plus de la réalisation des prophéties messianiques. Avant d'aboutir à cette conclusion que Jésus est Dieu, parce qu'il est ressuscité, ce qui est une preuve de fait, basée sur le témoignage, l'Apôtre doit d'abord triompher du polythéisme et de la superstition, briser les vaines idoles, gagner ses auditeurs au monothéisme. A Lystres, devant une explosion inattendue de foi idolâtrique, Paul revendique

(1) XXVIII, 31.
(2) XVIII, 21-28.
(3) XI, 20.
(4) IX, 20.

les droits de la vérité religieuse ; il proclame ouvertement l'unité du Dieu vivant, créateur de l'univers et providence bienfaisante ; mais il n'a pas le temps de conclure ; une émeute provoquée par des émissaires venus de Pisidie interrompt son discours et Paul lapidé est laissé pour mort (1).

A Athènes, il reprend sur l'Aréopage le même thème. A la vue de cette ville plantée d'idoles, en présence de ces temples nombreux, de ces statues et de ces autels multipliés et dédiés même aux divinités inconnues, il s'émeut et annonce le Dieu unique, créateur, souverain de l'univers ; immatériel, qui n'habite point dans les temples et ne ressemble en rien aux images sculptées ; spirituel et qui n'a point besoin d'offrandes ; Providence, qui du premier couple humain a fait sortir tous les peuples de la terre dont il règle les destinées, qui agit en chacun de nous, en qui nous vivons, nous sommes et nous nous mouvons. Et l'Apôtre continuait : Dieu a été méconnu, mais il pardonne ces temps d'ignorance, pourvu qu'on revienne de son erreur. Il est urgent de se repentir. Le jugement approche. Le jour a été fixé où Dieu jugera ce monde selon la justice par l'homme qu'il a désigné, ce dont il a donné une preuve certaine en le ressuscitant des morts (2). A vrai dire, la transition n'était ni habile, ni propre à charmer l'auditoire. Autant les Athéniens durent écouter avec intérêt toute la partie du discours si ferme, si sobre, si bien enchaînée, relative à la nature divine, autant la brusque intervention, sans préparation aucune, de l'apocalyptique juive, l'évocation soudaine du Dieu qui menace, qui juge et qui châtie, dut les choquer. Aussi quand il fut question de résurrection des morts, ils ne comprirent plus. On ne

____

(1) XIV, 2-20.
(2) XVII, 21-32.

saisit pas bien, d'ailleurs, la logique des idées par laquelle Paul concluait de l'unité et de la spiritualité de Dieu à la résurrection de Jésus. Sa méthode parut défectueuse autant que ses idées inacceptables. On se moqua de lui et il ne jugea pas utile de s'attarder davantage dans cette ville.

C'est en partie la même thèse qu'il reprendra, mais avec moins de ménagements et plus d'ampleur, dans sa *Lettre aux Romains*. « La colère de Dieu est manifestée du ciel sur toute impiété et injustice des hommes qui retiennent la vérité captive dans l'injustice. Car ce qui est connaissable de Dieu est manifesté au dedans d'eux. Dieu, en effet, s'est manifesté à eux. Ses perfections invisibles, depuis la création du monde, sont objet de contemplation pour l'esprit par ses œuvres, sa puissance éternelle et sa divinité, afin qu'ils soient inexcusables, puisque, connaissant Dieu, ils ne l'ont pas glorifié comme Dieu, ni remercié, mais ils sont devenus la proie de la vanité dans leurs pensées et leur cœur insensé s'est enténébré. Se targuant d'être sages, ils sont devenus fous, et ils ont changé la gloire du Dieu incorruptible en la ressemblance de la forme de l'homme corruptible et des oiseaux et des quadrupèdes et des reptiles. C'est pourquoi Dieu les a livrés, dans les convoitises de leur cœur, à l'impureté, pour que leur corps soit déshonoré parmi eux, comme des gens qui ont changé la vérité de Dieu en mensonge et qui ont révéré et servi la créature au lieu du Créateur (qui est béni à jamais. Amen). A cause de quoi Dieu les a livrés aux passions qui déshonorent (1). » Et l'apôtre ajoutait : mais le jugement de Dieu s'exerce selon la vérité sur chacun (2); sa bonté veut nous conduire à la pénitence (3); et il n'y a de salut que dans l'Évan-

(1) *Ep. aux Rom.*, I, 18-26.
(2) *Ibid.*, II, 2, 6.
(3) *Ibid.*, II, 4.

gile (1). Et par Evangile Paul entend le Sauveur crucifié (2), mort pour nos péchés et ressuscité (3) ; la justification est un don gratuit, une grâce en vertu de la Rédemption qui est dans le Christ Jésus crucifié (4).

A Ephèse, Paul est encore aux prises avec le polythéisme. Les orfèvres suscitent une émeute parce qu'il s'est attaqué à Artémis, la grande Déesse : « Non seulement à Ephèse, mais dans presque toute l'Asie, ce Paul a persuadé et détourné une foule de gens, en disant que les dieux faits de main d'homme ne sont pas des dieux (5). » La ville est en émoi ; pendant plus de deux heures on n'entend que ce cri de réparation et de protestation : « Grande est l'Artémis des Ephésiens (6) ! »

Les *Actes* n'ajoutent pas d'autres détails sur la méthode de Paul à l'égard des Gentils et sur la doctrine qu'il leur enseigne à propos de la divinité de Jésus. Et le lecteur regrette cette sobriété, quand il songe au nombre de chrétientés fondées par l'Apôtre en Grèce et en Asie Mineure.

CHAPITRE II

Un écho de la prédication de saint Paul
dans l'Evangile selon saint Luc.

Il ne faut pas prendre trop à la lettre l'affirmation de saint Irénée, au sujet du troisième Evangile : « Luc, compagnon de Paul, a consigné dans un livre l'*Evangile prêché par celui-ci*...

(1) *Rom.*, I, 16.
(2) I *Cor.*, I, 17-25.
(3) I *Cor.*, xv, 1-5.
(4) *Rom.*, III, 24.
(5) *Actes.*, xix, 26.
(6) *Ibid.*, xix, 28. 34.

Luc a été inséparable de Paul et son compagnon de travail dans l'Evangile... Il a été associé à toutes ses tribulations et il les a diligemment racontées... Paul enseignait en toute simplicité ce qu'il savait, non seulement à ses compagnons, mais encore à tous ceux qui l'écoutaient... Ainsi donc Luc nous a communiqué ce qu'il avait appris... comme il l'atteste lui-même, etc. (1). » Le rédacteur a pris soin de nous avertir, lui-même, qu'il avait consulté les témoins oculaires de la vie de Jésus (2) — et Paul ne l'était pas, — et qu'il connaissait les Essais de ceux « qui ont entrepris de composer un récit des événements qui se sont accomplis (3) » depuis le début. Paul n'est pas son unique source. Saint Irénée apporte, en effet, un correctif à sa première assertion ; plus bas, il appelle Luc « le compagnon et le disciple *des* Apôtres » (4). Saint Jérôme dira également que l'Evangéliste ne tenait pas seulement de Paul « mais aussi des autres apôtres son Evangile » (5). Eusèbe confirme ce témoignage : « Luc... fut le plus longtemps le compagnon de Paul et vécut d'une façon suivie dans la société des autres apôtres (6). » Il ne semble donc pas qu'on soit en droit de conclure que c'est à cet écrit que Paul fait allusion, quand, dans ses Epîtres il parle de « son Evangile » (7). D'autres influences ont présidé à la rédaction du troisième Evangile.

Il n'est pas niable cependant que l'influence paulinienne ait marqué cette œuvre de son empreinte. L'écrit en porte la trace manifeste dans la

----

(1) *Adv. hær.*, III, 1, 2, etc.
(2) *Ev. selon saint Luc*, I, 2.
(3) I, 1.
(4) *Adv. hær.*, III, 10.
(5) « *Sed et a cæteris apostolis.* » — *De vir. ill.*, l. c.
(6) *Hist. eccl.*, III, 4.
(7) *Rom.*, II, 16 ; XVI, 25 ; — II *Tim.*, II, 8, etc. — Cependant c'est l'opinion d'Origène et d'Eusèbe : « On dit que Paul a coutume de parler de l'Evangile de Luc, comme d'une œuvre qui lui est propre, lorsqu'il écrit : selon mon évangile. » *Hist. eccl.*, III, 4. — Le texte d'Origène est rapporté par Eusèbe, VI, 25.

doctrine et jusque dans le vocabulaire. On y retrouve un certain nombre d'idées propres à Paul, l'universalité du salut (1), la justification par la foi (2), l'efficacité de la grâce pour la rémission des péchés, etc. Et ce qui montre encore mieux que Luc reproduisait en partie l'enseignement de son maître, c'est la similitude d'expressions, de formules, de locutions ; on y rencontre non seulement des mots ignorés des autres écrivains, et qui sont communs à l'Evangile et aux Epîtres, mais aussi des tournures de phrases identiques (3). Cependant s'il y a comme une sorte d'affinité entre les écrits de Luc et ceux de Paul, il n'y a pas dépendance. « Saint Luc pour écrire les Actes, n'a pas utilisé, n'a pas connu les épîtres pauliniennes, et donc ne les a pas connues davantage pour rédiger son Evangile : cette indépendance de saint Luc, par rapport aux épîtres pauliniennes, est un lieu commun de la critique du Nouveau Testament (4). »

Théophile, à qui le livre est dédié (5) — que ce soit un personnage fictif ou réel, — n'est pas le seul à qui l'Evangile est destiné. Par delà le disciple, Luc voit les églises de la gentilité fondées par Paul ; et quand il déclare à Théophile qu'il s'est proposé de lui donner les moyens de « reconnaître la solidité des enseignements qu'il a reçus (6) », il s'adresse en réalité aux chrétiens instruits par Paul, afin de leur fournir, par ses récits évangéliques, la confirmation de la prédication de l'Apôtre. Il illustre, pour ainsi dire, la doctrine théologique de son maître et montre, dans son Evangile, d'une manière concrète, le règne du mal dans le monde, le salut offert à tous

<hr>

(1) *Evangile selon saint Luc*, II, 32 etc.
(2) *Ibid.*, VII, 50, etc.
(3) Voir JACQUIER, *Hist. des Liv. du Nouv. Test.*, tome II, p. 451, etc.
(4) Mgr BATIFFOL, *Etudes d'hist. et de théol. posit.*, 2ᵉ série, p. 29.
(5) *Ev. selon saint Luc*, I, 3.
(6) *Ibid.*, I, 4.

et opéré par la rédemption, la nécessité et l'efficacité de la foi, etc.

Païen converti, — il était d'Antioche, — écrivant pour des païens convertis, Luc ne s'embarrasse pas de l'idée messianique dont il n'a que faire. Ni lui, ni ses lecteurs ne sont préparés à entrer dans cette conception juive. Il nous représente Jésus, non pas comme le Messie de la nation israélite, mais comme le Sauveur du genre humain. Par ce déplacement de perspective, son Evangile tranche nettement sur le champ de vision des autres synoptiques ; non pas qu'il y ait opposition, mais les points de vue sont différents. Les deux premiers Evangiles ne contredisent pas à l'universalité du salut (1) ; mais, en eux, cette doctrine reste dans l'ombre du royaume messianique qui occupe le premier plan. Luc opère le renversement des images, si l'on peut dire ; il s'ingénie à mettre en relief ce qui est estompé chez ses deux prédécesseurs. Tout son Evangile est ordonné vers cette idée paulinienne : le salut est le fruit de la mort de Jésus, mort acceptée de Dieu, ainsi que l'atteste la résurrection, comme un sacrifice d'expiation pour la rémission des péchés ; et ce salut est offert à tous les hommes qui l'obtiendront par la pénitence. La thèse du royaume de Dieu, mise en saillie par les deux premiers évangélistes, s'efface derrière ce thème fondamental de l'Evangile de Luc. Quand il parle du royaume, c'est pour dire qu'il est avant tout spirituel (2), que, s'il débute modestement, son énergie immanente le pousse à un développement graduel propre à assurer son plein épanouissement (3) ; mais, pour lui, l'Evangile est essentiellement le salut offert à l'humanité. C'est là le sens des dernières paroles du Sauveur, avant son Ascension : « Alors il leur ouvrit l'esprit

---

(1) *Matth.*, XXVIII, 19 ; *Marc*, XIII, 10, etc.
(2) *Luc*, XVII, 20.
(3) *Ibid.*, XIII, 19-21.

afin qu'ils comprissent les Ecritures. Et il leur dit :
Ainsi il était écrit que le Christ souffrirait, et qu'il
ressusciterait des morts le troisième jour, et que
la pénitence et le pardon des péchés seraient prê-
chés en son nom à toutes les nations, à commen-
cer par Jérusalem. Vous êtes témoins de ces
choses, etc. (1)... » Jésus rappelle donc aux siens,
comme dernière recommandation, au moment de
les quitter : — d'abord l'*objet* du message à porter
au monde : vous prêcherez aux nations le salut par
la rémission des péchés accordé à ceux qui croi-
ront en mon nom et feront pénitence ; — le *fondement* du salut : vous leur direz que je leur ai
mérité par ma mort cette rémission de leurs
fautes et que Dieu a prouvé qu'il a agréé mon
sacrifice en me ressuscitant, ce dont vous êtes
témoins, vous qui avez assisté à ma passion et
connu ma résurrection ; — enfin, l'*argument*
scripturaire : et comme preuve que ma résurrection a été le témoignage dont Dieu s'est servi pour
manifester au monde qu'il avait accepté le sacrifice de ma vie, vous leur direz que ces faits étaient
des faits divins, voulus de Dieu, prophétisés par ses
envoyés et que ma passion et ma résurrection, dont
vous êtes les témoins, ont réalisé les prophéties.

Luc rejoint ainsi, on le voit, la catéchèse primitive : la résurrection de Jésus, réalisation des
prophéties et comme telle, preuve de sa mission ;
mais il infléchit cette catéchèse dans un autre sens
pour aboutir à une conclusion, non pas opposée,
mais bien différente. Il ne dira pas : donc Jésus
est le Messie ; mais : donc Jésus est le Sauveur
du genre humain. Cette conception toute paulinienne de l'Evangile influe sur la manière de pré-
senter les personnages et de les mettre en scène.
Le Jésus de Luc nous apparaît sous un tout autre
jour que celui des deux autres synoptiques. Les
principaux traits de la physionomie du Sauveur

____

(1) R. P. ROSE, *Ev. selon saint Luc*, Commentaire, XXIV, 45-49.

sont bien les mêmes ; mais le coloris, la nuance, le jeu de lumières procèdent d'une autre école. Ce n'est plus la peinture large et heurtée de Marc, le Jésus qui dispute son secret à la foule. Ce n'est pas davantage l'Israélite de Matthieu qui, avec une sombre grandeur, tente une profonde réforme et cherche à spiritualiser les aspirations trop humaines de ses compatriotes. C'est un homme, un fils de la race humaine, bon, doux, miséricordieux, affable, dont tous les gestes, comme tous les mouvements d'âme, ont une mesure et une harmonie parfaitement ordonnées. C'est celui qui se donne pour sauver ses frères, qui est venu pour évangéliser les pauvres, calmer les douleurs de ceux qui ont le cœur brisé, délivrer les opprimés et mettre un peu de bonheur sur la terre (1).

Le Fils de l'homme a vécu parmi nous, semblable à nous. Il fut comme nous conçu (2), porté dans le sein d'une femme (3), successivement petit enfant (4), jeune enfant (5), soumis à la croissance et au développement physique et moral (6), adolescent (7) et enfin homme fait, quand il commença sa mission (8). Né dans l'indigence (9), il est pauvre, s'humilie, implore l'assistance divine. A maintes reprises, l'évangéliste prend soin de nous montrer Jésus, se retirant dans des lieux déserts, sur une montagne, pour y prier Dieu, parfois toute la nuit (10) ; c'est pendant son baptême, après ses miracles, avant l'élection des Douze, avant l'annonce de la passion, pendant

(1) iv, 18, 19.
(2) i, 31.
(3) i, 42.
(4) ii, 12, 16.
(5) ii, 17, 27, 40.
(6) ii, 40, 52.
(7) ii, 43.
(8) iii, 23.
(9) i, 7, 12, 16.
(10) v, 16 ; vi, 12 ; ix, 18, 28.

la transfiguration, etc. (1). A Gethsémani, il s'agenouille sur la terre et sollicite avec angoisse la suspension des décrets divins (2). Il fait les actes de la vie ordinaire, prend part aux repas (3). Il est homme comme nous, soumis aux mêmes nécessités de la vie que nous, dans la même dépendance de Dieu que nous. Aussi nous apparaît-il comme très humain, dans les détails de son existence et dans la compréhension des misères d'ici-bas. Il s'apitoie sur toutes les peines, guérit les malades, prodigue des marques de bonté aux blessés de la vie ; mais sa tendresse et sa pitié vont surtout aux pécheurs. Et il nous en donne la raison : « Je ne suis pas venu appeler les justes, mais les pécheurs à la pénitence (4). »

Il est, en effet, *le Sauveur*, et le Sauveur de tout le genre humain ; c'est là, on l'a déjà remarqué, la pensée maîtresse, l'idée-mère de tout cet Evangile. Zacharie chante le Sauveur puissant, suscité dans la maison de David par le Dieu d'Israël, pour *racheter* le peuple (5). Il le voit, dans l'avenir, révélant à son peuple le salut, libérant sa race du joug de l'oppresseur (6), par la rémission des péchés (7), et grâce à la miséricorde divine (8). Ainsi le caractère spirituel et gratuit de la Rédemption ressort dès le début du récit. Puis, c'est l'ange qui annonce la bonne nouvelle et une grande joie : « Il vous est né un *Sauveur*, qui est le Christ, le Seigneur (9). » Le vieillard Siméon exulte d'allé-

---

(1) III, 21 ; v, 16 ; vi, 12 : ix, 18, 28, 29 ; xi, 1, etc.

(2) xxii, 41, 42.

(3) vii, 36-50 ; x, 38-42 ; xi, 37-51 ; xiv, 1-16 ; xix, 1-10 ; xxiv, 30.

(4) v, 32.

(5) i, 69. Cette « *corne de salut* » symbolise, dans le langage biblique, la puissance du Sauveur. Les anciens Hébreux, peuple de pasteurs, faisaient résider la force de leurs bêtes dans la vigueur de leurs cornes.

(6) i, 71, 74, 77.

(7) i, 77.

(8) i, 78.

(9) Σωτήρ. ii, 11. Ce titre « Sauveur » appliqué à Jésus, ne se rencontre, en dehors de ce passage et d'un autre de l'Evangile selon saint Jean (iv 42), nulle part ailleurs dans les Evangiles.

gresse, parce que « ses yeux ont vu le *salut* de Dieu (1) ». et qu'il a connu, avant de mourir, le Consolateur (2), le Christ du Seigneur (3). Jean-Baptiste proclame l'avènement d'un monde nouveau, dans lequel « toute chair verra le *salut* de Dieu (4) ».

Jésus inaugure son ministère public en se présentant comme le Sauveur attendu. Il ouvre le livre d'Isaïe, à la synagogue de Nazareth, et lit à haute voix : « L'esprit du Seigneur est sur moi, parce qu'il m'a oint pour annoncer la bonne nouvelle aux pauvres ; il m'a envoyé guérir ceux qui ont le cœur brisé, proclamer aux captifs leur délivrance, aux aveugles le recouvrement de la vue, renvoyer en liberté les opprimés, publier une année de grâce du Seigneur (5). » Et s'étant assis, il commença : « Aujourd'hui cette parole de l'Ecriture est accomplie (6). » Toute sa doctrine roulera sur ce point fondamental : il apporte, ici-bas, le salut. Il est venu sauver ce qui était perdu (7). S'il entre dans la maison de Zachée, touché par la repentir, le salut y entre avec lui (8). C'est à sa suite qu'il faut marcher pour se sauver : quiconque voudra sauver son âme la perdra, et quiconque la perdra, à cause de lui, la sauvera (9). Ce salut, Jésus l'opère par le sacrifice de sa vie en répandant son sang pour l'humanité (10).

Il réclame d'abord la foi en sa médiation et en fait une condition de salut. Au lépreux qui lui dit : Si tu le veux, tu me rendras pur ; il répond :

(1) II, 30.
(2) II, 25. Voir Isaïe, XL, 1 et LXI, 2.
(3) II, 26.
(4) III, 6 ; voir Isaïe XL, 5. La citation est faite d'après les Septante.
(5) D'après Isaïe LXI, 1.
(6) IV, 16-22.
(7) V. 31-32 ; IX, 56 ; XV, 1-32 ; XIX, 10.
(8) XIX, 0.
(9) IX, 21 ; XVII, 33.
(10) XXII, 20 ; XXIV, 26, 44, 48.

je le veux, sois pur ; et il le guérit (1). Pour récompenser la foi du paralytique et de ses porteurs, il pardonne les péchés du pauvre infirme et le guérit (2). Il loue le centurion de Capharnaüm de sa foi si vive qu'il n'en a pas rencontré de telle en Israël et il guérit son serviteur (3). A la femme pécheresse qui, chez le pharisien, arrose ses pieds de larmes et les essuie avec sa chevelure, il dit : Tes péchés sont pardonnés, ta foi t'a sauvée, va en paix (4). Cette expression revient fréquemment sur ses lèvres, sous des formes variées ; mais qu'il encourage la foi ou qu'il la constate, qu'il dise, comme au chef de la synagogue : « Crois et ta fille sera sauvée (5) », ou, comme à la pécheresse, à la femme malade depuis douze ans, au lépreux de Samarie, à l'aveugle de Jéricho : « ta foi t'a sauvée (6), » toujours il fait de la foi une condition de salut. Par la foi, Jésus n'entend pas seulement la confiance en son pouvoir de thaumaturge, la confiance naturelle, que le malade accorde à son médecin. Il demande davantage ; il exige la foi en sa mission surnaturelle. Il établit une corrélation étroite entre sa puissance miraculeuse sur les corps et son action mystérieuse sur les âmes. S'il fait des prodiges, ce n'est pas qu'il soit prophète comme Jonas (7) ; il est plus qu'un prophète ou qu'un roi (8) ; il est celui qui sonde les cœurs, qui lit dans les pensées (9), qui juge des sentiments intimes et qui, sans le secours d'un rite extérieur auquel serait attachée une efficacité divine, libère les âmes du joug du mal et remet

(1) v, 12-13.
(2) v, 20-24.
(3) vii, 9.
(4) vii, 48-50.
(5) viii, 50.
(6) vii, 50 ; viii, 48 ; xvii, 19 ; xviii, 42.
(7) xi, 32.
(8) xi, 31.
(9) v, 22.

les péchés. Les pharisiens se scandalisent et font remarquer avec raison que Dieu seul a le pouvoir de pardonner les pécheurs. Jésus n'y contredit pas : Dieu seul peut remettre les fautes et lui, Jésus, les remet. L'insinuation est audacieuse ; on se récrie : mais c'est une usurpation frauduleuse, une exploitation de la crédulité des simples ; que vaut une affirmation aussi outrecuidante, dont rien ne permet de constater le bien fondé ? Il est, en effet, facile de dire à quelqu'un : tes péchés te sont remis. N'importe quel charlatan peut faire une telle déclaration, sans craindre que les faits lui infligent un démenti ; le résultat d'une telle parole dépasse les investigations humaines. Il est moins facile de dire à un paralytique, en présence de la foule : lève-toi, prends ton lit et va dans ta maison. Et c'est ce que je fais, remarque Jésus, afin que vous sachiez que le Fils de l'homme a, sur la terre, le pouvoir de pardonner les péchés. L'évangéliste ajoute que tous étaient saisis d'étonnement et de crainte. Il leur fallait conclure que *Jésus s'identifiait avec Dieu* (1). Une scène analogue se reproduit chez le pharisien Simon. Jésus dit à la pécheresse : « Tes péchés te sont pardonnés. » Et les convives de se demander avec surprise et non sans quelque scandale : « Quel est celui-ci qui pardonne même les péchés(2)? » Et de même que Jésus guérit et absout le paralytique pour sa foi, de même il renvoie la pécheresse pardonnée, en raison de sa foi. La foi qu'il réclame pour le salut, la foi qu'il exige en sa médiation dépasse la simple confiance humaine. Il faut croire en sa mission. Il est venu pour sauver le monde ; si on ne croit pas en lui, on ne sera pas sauvé, et rien ne sert de l'écouter, si on ne met pas ses paroles en pratique (3). Et cette foi est une vertu intérieure qui peut grandir, se développer,

(1) v, 17-27.
(2) vii, 49.
(3) vi, 47-49 ; viii, 21.

mais aussi dépérir et disparaître. Le diable essaie de ruiner le bon effet de sa parole, de peur que ses auditeurs « ne croient et ne soient sauvés (1). » Ceux qui ne croient que pour un temps succombent au moment de la tentation (2) et ceux qui refusent de croire se mettent hors la voie du salut (3). Aussi quiconque renie Jésus devant les hommes sera renié devant les anges de Dieu et quiconque le confesse devant les hommes, le Fils de l'homme le confessera devant les anges de Dieu (4).

Il ne suffit pas de croire, il faut se repentir et la pénitence est, après la foi, la seconde condition de salut (5). C'est le repentir qui a valu au paralytique, à la pécheresse, à Zachée, au larron leur pardon public (6). C'est le repentir qui vaut au publicain, qui s'humilie, de redescendre dans sa demeure justifié (7). Et voilà pourquoi Jésus fréquente de préférence les publicains et les gens de mauvaise vie (8). C'est surtout pour eux qu'il est venu. Aussi proclame-t-il que tous ceux qui ne font pas pénitence périront tous (9).

Ce salut est offert à tous les hommes. Jésus ne se présente pas seulement comme le Sauveur de ses compatriotes. Il se donne comme le Sauveur de l'humanité entière. C'est ce bon message qu'il apporte au monde (10), aux Juifs d'abord, puis aux païens. Les temps des nations viendront (11), car il va en toute ville et en tout lieu (12). Il vient pour éclairer les nations (13), pour illuminer ceux qui

(1) viii, 12.
(2) viii, 13.
(3) ix, 41 ; x, 13-16 ; xi, 29-32 ; 47-52 ; xiii, 23-30.
(4) ix, 26 ; xi, 8, 9.
(5) v, 32.
(6) v, 20 ; vii, 48 ; xix, 9 ; xxiii, 43.
(7) xviii, 14.
(8) v, 30 ; vii, 31 ; xv, , 1, 2 ; xix, 7.
(9) xiii, 3, 5 ; x, 13 ; xi, 29-32.
(10) iv, 18, 43 ; vii, 22 ; viii, 13.
(11) xxi, 21.
(12) x. 1.
(13) ii, 32.

sont assis dans les ténèbres, à l'ombre de la
mort (1), pour diriger nos pas dans le chemin de
la paix (2), pour publier la réconciliation du Seigneur (3). Il vient pour sauver les Samaritains (4)
et les étrangers (5), aussi bien que les fils
d'Israël (6) ; les publicains, les criminels, les
pécheurs (7), aussi bien que les Pharisiens et les
gens de la bonne société (8), les pauvres (9)
comme les riches (10), les femmes comme les
hommes (11).

Il faut reconnaître que l'évangéliste met plus
en relief le rôle même du Sauveur que le principe
originel de sa mission. Pourquoi et à quel titre
Jésus est-il le Sauveur de tout le genre humain ?
Fidèle à sa méthode, qui consiste à ne pas revenir sur ce qu'il a déjà développé, Luc s'explique
une fois pour toutes sur la personnalité du Sauveur et n'y insistera plus. *Jésus-Christ est le Fils
de Dieu.* L'ange l'annonce, dès avant sa naissance, à sa mère et marque nettement son double
caractère, à la fois divin et humain : « Tu enfan-
teras un Fils et tu lui donneras le nom de Jésus.
Il sera grand et il sera appelé le *Fils du Très-
Haut* et le Seigneur Dieu lui donnera le trône de
David, son père. Et il régnera sur la maison de
Jacob et son règne n'aura pas de fin... L'Esprit-
Saint viendra sur toi et la puissance du Très-
Haut te couvrira de son ombre ; c'est pourquoi
l'être saint qui naîtra de toi sera appelé *Fils de*

(1) I, 79.
(2) I, 79.
(3) IV, 19.
(4) IX, 51-56 ; X, 30-37 ; XVII, 11-19.
(5) I, 79 ; II, 32 ; III, 6 ; IV, 18-22 ; 25-27 ; VII 9 ; X, 1 ; XIII, 22-29 ;
XXI, 24 ; XXIV, 47.
(6) I, 33-51 ; 68-79 ; II, 10-22.
(7) III, 12-13 ; V, 27-32 ; VII, 37-50 ; XV, 1-32 ; XVIII, 9-11 ; XIX, 2-10 ;
XXIII, 43.
(8) VII, 36 ; XI, 37 ; XIV, 1.
(9) I, 53 ; IV, 18 ; VI, 20, 21 ; VII, 22 ; XIV, 13, 21 ; XVI, 20, 23.
(10) XIV, 2 ; XIX, 2 ; XXIII, 50.
(11) VII, 36-50 ; VIII, 2, 3, 48 ; X, 38-12 ; XXIII, 28.

Dieu (1). » Une révélation surnaturelle dévoile le mystère à Elisabeth qui s'écrie au jour de la Visitation : « Comment m'est-t-il accordé que la mère *mon Seigneur* vienne auprès de moi (2) ? » A sa mère qui lui dit en parlant de Joseph : « *Ton père et moi, nous te cherchions avec angoisse,* » Jésus, âgé de douze ans, répond avec vivacité en opposant Dieu à Joseph, son véritable Père à son père adoptif : « Ne savez-vous pas qu'il faut que je m'occupe des choses de *mon Père* (3) ? »

Luc n'a pas fait de la filiation divine de Jésus le sujet principal de son Evangile. Après ces premières indications, il ne croit pas devoir y revenir. Il se contente à la suite des autres synoptiques, de rappeler le témoignage divin au baptême de Jésus (4), à la transfiguration (5), la confession de Pierre à Césarée (6), la louange que le Fils fait du Père (7), la parabole christologique des vignerons (8), la question sur le Christ, fils de David (9), l'affirmation de Jésus devant le Sanhédrin (10), etc. D'ailleurs Luc écrivait pour les chrétientés fondées par Paul, lesquelles étaient entièrement renseignées à ce sujet, comme on le constatera au chapitre suivant. Cela explique sans doute pourquoi, l'Evangéliste appelle Jésus : le Seigneur, ὁ Κύριος, plus fréquemment que les

---

(1) I, 31-36.

(2) I, 43.

(3) II, 48-49. On a fait remarquer la saveur araméenne de *l'Evangile de l'Enfance,* rejeté comme apocryphe par les critiques rationalistes et l'on a cru y reconnaître la manière de Luc. Il s'est documenté aux meilleures sources et a intercalé dans ses récits des fragments entiers de documents antérieurs. Voir à ce sujet : *Le récit de l'Enfance de Jésus,* par le R. P. LAGRANGE ; — *Revue biblique,* 1ᵉʳ avril 1895. — R. P. ROSE, *Etudes sur les Evangiles,* chap. II, *La Conception surnaturelle de Jésus.*

(4) III, 22.

(5) IX, 35. — A relever l'expression : Celui-ci est l'Fils *élu* ; et non : Fils bien-aimé.

(6) IX, 20.

(7) X, 21-23.

(8) XX, 9-19.

(9) XX, 41-44.

(10) XXII, 70.

autres synoptiques (1). Dans son langage, comme dans celui de Paul, ce titre convient au Jésus céleste, ressuscité, considéré dans sa gloire, assis à la droite du Père, plutôt qu'au Jésus Sauveur vivant sur la terre. Luc appliquait ainsi au Maître, par anticipation, en racontant sa vie, une locution qui n'était devenue d'un usage courant qu'après l'Ascension.

CHAPITRE III

La Christologie paulinienne.

ARTICLE PREMIER

La Christologie des Epîtres de saint Paul.

Les Epîtres de saint Paul, comme il a été dit (2), sont les plus anciens écrits de la littérature chrétienne. Une vingtaine d'années après l'Ascension du Sauveur, l'Apôtre adressait à ses églises, ses premières Lettres. Ces billets supposent déjà connues de leurs destinataires les *traditions* de l'Evangile oral sur le Christ de l'histoire. Ils ne reprennent pas pour le préciser, pour le développer, le thème commun de la catéchèse primitive. Ils laissent entrevoir des communautés déjà florissantes, suffisamment instruites et qui n'ont pas besoin d'être renseignées sur la mort et la résurrection de Jésus de Nazareth.

(1) On ne rencontre guère que deux fois cette appellation dans Marc (v, 14 ; xi, 3) et dans Matthieu (xxi, 3 ; xxviii, 5). Elle est fréquente dans les écrits de Paul et de Luc. On la lit couramment dans les *Actes* et une dizaine de fois dans l'*Evangile selon saint Luc* (ii, 11 ; vii, 13 ; xi, 39 ; xii, 42 ; xiii, 15 ; xviii, 6 ; xix, 8 ; xxii, 61 ; xxiv, 3-34).
(2) Voir tome I, chap I.

Les Thessaloniciens ont perdu quelques-uns de leurs frères et s'inquiètent de leur sort ; les défunts ne seront plus là quand le Christ va revenir inaugurer son royaume. Paul leur écrit de se tranquilliser. Dieu ressuscitera ceux qui seront morts avant la parousie (1). — Les Galates ont reçu un Evangile nouveau destiné à compléter celui de Paul qui n'a pas connu personnellement le Seigneur. Des délégués, venus de Jérusalem, leur ont appris qu'il ne suffisait pas de croire en Jésus, mais qu'il fallait, pour entrer dans la véritable société des croyants, se soumettre d'abord à la loi mosaïque, dont le christianisme n'était que l'achèvement. Paul s'empresse de les mettre en garde contre ces faux frères. Il leur a prêché le véritable Evangile du Christ ; il n'y en a pas d'autre ; qu'ils repoussent quiconque leur apporterait un Evangile différent, quand ce serait un ange du ciel ou Paul lui-même (2). — Les Corinthiens sont divisés et se laissent aller à quelques abus. Paul leur écrit pour rétablir la paix et régler les questions de discipline ecclésiastique (3). — L'Apôtre projette depuis longtemps de se rendre à Rome et d'y visiter l'église déjà fondée. Il annonce aux Romains sa visite et en profite pour leur exposer quelques points dogmatiques. « Les faits évangéliques les plus essentiels, les doctrines chrétiennes les plus fondamentales, la divine Seigneurie du Christ, la raison d'être et la valeur de sa mort, ses sacrements, etc., sont supposés connus et utilisés plutôt qu'exposés en eux-mêmes et prouvés. Les développements qui leur sont consacrés ajoutent presque toujours quelque chose au fonds commun de l'enseignement oral, lui donnent une signification plus profonde et en tirent des applications nouvelles. La Lettre aux

(1) I *Thess.* IV, 13-18,
(2) *Gal.*, I. 6-10.
(3) Deux *Ep. aux Cor.*

Romains, bien loin d'être une sorte de résumé de la prédication de saint Paul, l'Evangile au premier sens du mot, le suppose (1). » — Il y a lieu d'ajouter que ces six premières Epîtres, les plus anciennes, ne sont pas les plus chargées de christologie et apparaissent, à cet égard, beaucoup plus sobres que les Lettres composées pendant la captivité.

Ces écrits, s'ils ne sont pas destinés à l'exposition d'un enseignement déjà reçu, ont du moins pour but, d'une manière générale, de le compléter. Paul se place alors à un point de vue différent de celui de l'Evangile oral et c'est en ce sens qu'on a pu dire : « Son Evangile n'est pas celui des Douze, c'est-à-dire la collection des *Logia ;* ce ne sont pas des feuillets sur lesquels il aurait écrit les paroles et les miracles. L'Evangile des disciples galiléens débute au baptême de Jean et se termine à l'Ascension. Là où celui-ci s'achève, le sien commence. C'est le Christ glorifié, vivant auprès de Dieu, qu'il prêche et qu'il voit. Son rôle dans le temps ne l'a pas retenu, ni sa prédication terrestre attaché. Il est apôtre, et son appel est certain ; mais il a été suscité dans des conditions nouvelles et sous un autre climat. Les Douze furent les témoins du Christ historique. Lui, il est le témoin du Christ installé dans la gloire, situé dans la sphère divine, en un mot du Christ éternel, et c'est vers ce Christ éternel, auquel il est

____

(1) R. P. LEMONNYER. — *Ep. de S. Paul*, tome I, p. 244, Commentaire. — « Remarquons aussi, dit le R. P. ROSE, qu'écrivant aux Romains, c'est-à-dire à des chrétiens qui n'ont pas reçu sa doctrine, dont il n'est pas le père, il leur parle de la divinité de Jésus-Christ, comme d'une croyance déjà établie, déjà acquise, qu'on ne discute pas. Voilà un fait qui est un des plus significatifs de l'histoire primitive. » *Etudes sur l'Evangile*, p. 214, en note. — « Cette foi de la première génération chrétienne, dit également Mgr BATIFFOL, est un fait historique assuré. Elle est, en elle-même, un témoignage de la tradition primitive sur la personnalité de Jésus : car cette foi n'est pas une foi spontanée et créant elle-même son objet. Il faut que l'impression directe et immédiate donnée par Jésus de sa personnalité ait produit elle-même cette conception transcendante, unique. » *L'Enseignement de Jésus,* p. 213.

uni comme à la source de vie, dont l'action est transcendante à l'espace et au temps, qu'il va dorénavant diriger l'humanité (1). »

Le Christ glorifié est, en effet, le fondement et le principe de toute sa théologie. C'est le centre d'où tout part et vers qui tout converge. Et si, entraîné par la logique de sa doctrine, Paul se retourne parfois, du présent, en arrière, vers le passé, c'est pour revenir aussitôt dans l'éternité, et y contempler le Fils qui préside à l'origine des choses. Le Christ est entré dans la gloire par la résurrection ; mais avant d'être homme, il était le Seigneur créateur, préexistant à l'humanité. De l'éternité où règne désormais le Sauveur, la courbe parfois s'incline légèrement vers la terre, mais pour rejaillir immédiatement dans l'infini. L'humanité du Christ n'est qu'une courte étape entre sa glorification actuelle et sa préexistence antérieure. Paul a vite fait de la franchir. Des trois états du Christ : la préexistence, l'incarnation et la glorification, le second est celui qui retient le moins l'attention des destinataires des Epîtres ; encore une fois parce qu'ils sont surabondamment renseignés à ce sujet.

Le Christ des Epîtres pauliniennes, c'est le Christ céleste, ressuscité, élevé dans la gloire (2), celui que Dieu a souverainement exalté (3), à qui il a donné un nom au-dessus de tout nom, afin qu'au nom de Jésus tout genou fléchisse dans les cieux, sur la terre et sous la terre, et que toute langue confesse que Jésus-Christ est *Seigneur*, à la gloire de Dieu le Père (4). Dieu l'a fait asseoir à sa droite dans les cieux (5), au-dessus de toute domination, de toute autorité, de toute puissance,

(1) R. P. Rose, *Etudes sur la théologie de saint Paul.* — *Revue biblique*, 1ᵉʳ juillet 1902, p. 346.
(2) I *Tim.*, iii, 16.
(3) *Philipp.*, ii, 9.
(4) *Philipp.*, ii, 9-11.
(5) *Eph.*, i, 20 ; — Cf. *Rom.*, viii, 34 ; — *Eph.*, ii, 6 ; — *Coloss.*, iii, 1.

de toute dignité et de tout nom qui peut se nommer, non seulement dans le siècle présent, mais encore dans les siècles à venir. Il a tout mis à ses pieds et il l'a donné pour chef suprême à l'Eglise, qui est son corps, c'est-à-dire la plénitude de celui qui remplit tout en tous (1). — Car Dieu a voulu que toute plénitude habitât en lui (2). — Tout a été créé *pour* lui (3). Il est établi le chef, le prince, le Seigneur du monde, le terme vers lequel tout se meut, en qui tout doit être unifié : le Christ est tout et il est en tous (4). Avec lui les croyants, sans distinction de race ni de nationalité ne forment plus qu'un seul corps (5). Et ce corps c'est l'Eglise (6) ; car l'Eglise est le plérôme, la plénitude du Christ, comme le Christ est le plérôme, la plénitude de Dieu (7). Il est notre médiateur auprès de Dieu (8) ; par lui nous avons, les uns et les autres, accès auprès du Père, dans un même Esprit (9). Le Christ ressuscité, assis à la droite de Dieu, intercède pour nous (10), et ainsi nous avons la liberté d'approcher de Dieu avec confiance (11). Dieu lui a tout soumis, il faut qu'il règne jusqu'à ce que Dieu ait mis tous ses ennemis sous ses pieds (12) ; car il a la mission de tout réunir en lui, les choses de la terre comme celles du ciel (13) ; la nature entière aspire d'un désir profond à cette union, à cette restauration universelle et jusqu'à ce moment elle endure les douleurs de l'enfantement (14). A plus forte raison

(1) *Eph.*, I, 20-23.
(2) *Coloss.*, I, 19.
(3) *Coloss.*, I, 16.
(4) *Coloss.*, III, 11 ; — *Eph.*, I, 23.
(5) *Coloss.*, III, 11, 15.
(6) *Coloss.*, I, 18, 24.
(7) *Eph.*, I, 23 ; — *Coloss.*, II, 9.
(8) I *Tim.*, II, 5.
(9) *Eph.*, II, 18.
(10) *Rom.*, VIII, 34.
(11) *Eph.*, III, 13.
(12) I *Cor.*, XV, 25, 27 ; — *Eph.*, I, 23.
(13) *Eph.*, I, 10. Mot à mot : de tout *récapituler* dans le Christ.
(14) *Rom.*, VIII, 19, 22.

les chrétiens, qui sont les prémices de l'Esprit, soupirent-ils dans l'attente de l'adoption et de la rédemption de leur corps ; c'est en espérance qu'ils sont sauvés et l'espérance ne prend fin que par la possession de l'objet désiré (1). Le Christ a commencé cette restauration universelle. Tout est renouvelé par lui. Le passé prend fin (2). Le Sauveur a vaincu le péché par sa mort, et la mort par sa résurrection. Ressuscité, le Christ ne meurt plus. Désormais immortel, il échappe aux emprises de la mort (3). Et de même qu'en Adam tous les hommes meurent, de même dans le Christ ressuscité, tous revivront et ressusciteront (4). La mort elle-même sera vaincue, et, ce dernier ennemi détruit (5), l'œuvre de la Restauration universelle sera achevée ; le désordre introduit dans le monde par le péché réparé, la Rédemption universelle, définitive et complète. Le Christ glorifié aura triomphé de tout et terminé sa mission. Il aura tout subjugué, abattu toute domination, toute autorité et toute puissance. Alors, ayant constaté que tout était rentré dans l'ordre, il remettra le règne à Dieu le Père, à celui qui lui avait tout assujetti avec tout pouvoir pour restaurer. Il lui rendra compte de son œuvre, lui fera hommage de son triomphe et, son rôle de Rédempteur ayant pris fin, il se soumettra lui-même à Dieu afin que Dieu soit tout en tous (6).

La Rédemption, tel est, en effet, le point capital de la restauration entreprise. La sotériologie paulinienne est trop étroitement liée à la christologie de l'apôtre pour qu'on puisse la passer sous silence (7). Dieu voulait tout se réconcilier

(1) *Rom.*, VIII, 23-25.
(2) II *Cor.*, v, 17.
(3) *Rom.*, VI, 9.
(4) I *Cor.*, xv, 22.
(5) I *Cor.*, xv, 26.
(6) I *Cor.*, xv, 24-28.
(7) Voir RIVIÈRE, *Le Dogme de la Rédemption*, p. 38-55.

sur la terre et dans les cieux. Il a choisi le Christ pour faire la paix avec nous (1). Le Christ s'est offert lui-même à Dieu comme une offrande et une victime agréable (2). Il s'est livré à cause de nos péchés (3), afin d'arracher les hommes au siècle présent qui est mauvais (4), de les racheter de toute iniquité (5), de devenir leur rançon (6) et de sauver tous les pécheurs (7). Quand vint la plénitude des temps (8), Dieu ne l'a pas épargné et l'a livré pour nous tous (9), afin que nous recevions l'adoption (10). Et le Christ s'est humilié lui-même, s'est fait obéissant jusqu'à la mort, même jusqu'à la mort de la croix (11). Lui qui ne connaissait pas le péché, Dieu l'a fait péché pour nous, afin que nous devenions, en lui, justice de Dieu (12). Il est devenu, pour nous, le maudit pour nous racheter de la malédiction (13). Conformément aux Ecritures, le Christ est mort pour nos péchés (14). La mort qu'il a endurée, c'est une mort au péché, une fois pour toutes, et notre vieil homme a été crucifié avec lui, pour que soit détruit le corps du péché, afin que désormais nous soyons non plus esclaves, mais affranchis du péché (15), car Dieu nous a destinés à l'acquisition du salut par Notre-Seigneur Jésus-Christ, lequel est mort pour nous tous, afin que nous vivions avec lui tous ensemble (16). Dieu nous a pardonnés dans

(1) *Coloss.*, I, 20.
(2) *Eph.*, v, 2, 25.
(3) *Rom.*, IV, 25.
(4) *Gal.*, I, 4.
(5) *Tite*, II, 14.
(6) I *Tim.* II, 6.
(7) I *Tim.*, I, 15.
(8) *Gal.*, IV, 4.
(9) *Rom.*, VIII, 32.
(10) *Gal.*, IV, 5.
(11) *Philipp.*, II, 8.
(12) II *Cor.*, v, 21.
(13) *Gal.*, III, 13.
(14) I *Cor.*, xv, 3.
(15) *Rom.*, VI, 6, 10.
(16) I *Thess.*, v, 9, 10 ; II *Cor.*, v, 15.

le Christ (1). Par le sang de sa croix, par sa mort en son corps de chair, Dieu a fait la paix avec nous (2). Il nous a fait grâce pour toutes nos offenses ; il a effacé l'acte dont les ordonnances nous condamnaient et qui subsistait contre nous, et il l'a annulé en le clouant à la croix ; il a dépouillé les principautés et les puissances et le publia hardiment en triomphant d'elles par la croix (3). Dieu s'est réconcilié avec nous par le Christ, et en vérité, c'était Dieu lui-même qui, dans le Christ, se réconciliait le monde en n'imputant point aux hommes leurs offenses (4). Tous les hommes ont péché et sont privés de la gloire de Dieu ; mais ils sont justifiés, en forme de don gratuit, par sa grâce, en vertu de la rédemption qui est dans le Christ Jésus, lui, que Dieu a exposé publiquement, comme moyen de propitiation, par la foi en son sang, afin de manifester sa justice. Dieu n'a toléré si longtemps le péché que pour rendre possible cette éclatante manifestation de sa justice (5). Dieu a donc prouvé son amour pour nous, en ce que, quand nous étions encore pécheurs, le Christ est mort pour nous, pour des impies, et nous avons été réconciliés avec Dieu par sa mort (6). Le Christ Jésus immolé (7) est devenu, de par Dieu, notre sanctification, notre rédemption (8). Par lui, nous sommes purifiés, sanctifiés, justifiés (9). En lui, nous avons la rédemption par son sang et la rémission des péchés, selon la richesse de la grâce, répandue abondamment sur nous (10). Aussi ne sommes-nous plus esclaves, mais fils et héritiers de

(1) *Eph.*, IV, 32.
(2) *Colos.*, 1, 20, 22.
(3) *Coloss.*, II, 13-15.
(4) II *Cor.*, v, 18-19.
(5) *Rom.*, III, 23-26.
(6) *Rom.*, v, 6, 8, 10.
(7) I *Cor.*, v, 7.
(8) I *Cor.*, I, 30.
(9) I *Cor.*, VI, 11.
(10) *Eph.*, I, 7, 8. — *Colos.*, I, 14.

Dieu (1). Nous avons reçu l'adoption divine (2). Par sa vie et sa mort, le Christ est devenu le Seigneur de tous, des morts et des vivants (3). Voilà le grand bienfait qu'enseigne Paul. Il ne veut connaître que Jésus crucifié (4), et, comme il a été dit plus haut (5), « le crucifiement de Jésus-Christ est le premier thème fondamental de son enseignement. »

Le péché a eu pour effet d'introduire la mort en ce monde (6); elle est le salaire du péché (7). Vainqueur du péché qu'il a crucifié avec lui, le Christ doit le poursuivre jusque dans ses derniers retranchements et triompher, à son tour, de la mort. Si la mort a régné du fait d'un seul, à plus forte raison ceux qui reçoivent l'abondance de la grâce régneront-ils dans la vie du fait du seul Jésus-Christ. Son acte de justification s'étendra à tous les hommes pour la justification de la vie, afin que, comme le péché a régné par la mort, de même aussi la grâce règne par la justice, pour la vie éternelle, par Jésus-Christ Notre-Seigneur (8). Affranchis du péché, mais par contre assujettis à Dieu, les hommes trouveront leur fruit dans la sanctification et la vie éternelle, qui est le don de Dieu (9). Et comme nous sommes morts au péché avec et en Jésus-Christ, de même nous ressusciterons avec et en lui à une vie nouvelle (10). Dieu nous ressuscitera des morts, nous aussi, par sa puissance, comme il a ressuscité le Christ (11); car si les morts ne peuvent ressusciter, le Christ non plus n'a pu ressusciter ; et si le Christ n'est pas

(1) *Gal.*, IV, 7.
(2) *Gal.*, IV, 5.
(3) *Rom.*, XIV, 9.
(4) I *Cor.*, II, 2.
(5) Page 13.
(6) *Rom.*, V, 12-17.
(7) *Rom.*, VI, 23.
(8) *Rom.*, V, 17, 18, 21.
(9) *Rom.*, VI, 22, 23.
(10) *Rom.*, VI, 4, 5, 8, 11 ; IV, 25 ; *Eph.*, II, 6 ; *Colos.*, II, 12 ; III, 1.
(11) I *Cor.*, VI, 14.

ressuscité, vaine est notre foi et nous restons avec notre péché. Tout se réduirait alors pour nous à n'espérer dans le Christ que durant cette vie et nous serions, entre tous les hommes, les plus dignes de pitié par nos illusions d'une rédemption chimérique (1) ; mais le Christ mort pour nos péchés, mis au tombeau, est ressuscité le troisième jour, Paul l'a vu vivant après sa mort ; il se porte garant de cette résurrection (2). Aussi ne peut-il y avoir aucun doute à ce sujet. Et avec une insistance marquée l'Apôtre lie, plus de vingt fois, au nom de Jésus, la mention de sa résurrection : « Jésus-Christ que Dieu le Père a ressuscité des morts (3). » Dieu, comme il a ressuscité Jésus, nous ressuscitera donc, nous aussi, par sa puissance et nous fera paraître devant lui (4). L'Esprit de celui qui a ressuscité Jésus des morts vivifiera aussi nos corps mortels par son Esprit qui habitera en nous (5). Jésus est le premier des morts qui soit ressuscité à la vie éternelle. Il est les prémices de ceux qui sont morts (6), comme il est les prémices des prédestinés (7), afin d'être en tout le premier ; car Dieu a voulu que toute plénitude habitât en lui (8). Si le Christ est ressuscité pour notre justification (9), c'est donc qu'il a vaincu le péché par sa mort, et la mort par sa résurrection. Immortel (10), il est établi Juge des vivants et des morts (11) parce que, depuis sa mort il est devenu le *Seigneur* et des morts et des vivants (12).

(1) I *Cor.*, xv, 12-19.
(2) I *Cor.*, xv, 3-9.
(3) I *Thess.*, I, 10 ; *Gal.*, I, 1 ; I *Cor.*, vi, 11 ; xv, 4, 12-24 : II *Cor.*, iv, 14 ; v, 15 ; *Rom.*, iv, 24-25 ; vi, 4, 9 ; vii, 4 ; viii, 11, 34 ; x, 9 ; *Eph.*, I, 20 ; *Philipp.*, iii, 10 ; *Colos.*, ii, 12 ; II *Tim.*, ii, 8.
(4) I *Cor.*, vi, 14 ; II *Cor.*, iv, 11.
(5) *Rom.*, viii, 11.
(6) I *Cor.*, xv, 20 ; *Colos.*, i, 18.
(7) *Rom.*, viii, 9.
(8) *Colos.*, i, 14.
(9) *Rom.*, iv, 15.
(10) *Rom.*, vi, 9.
(11) II *Tim.*, iv, 1.
(12) *Rom.*, xiv, 9.

Seigneur : ce vocable est désormais le titre propre du Christ entré dans la gloire. « Le chrétien instruit par saint Paul, dit le R. P. Rose dans l'étude très suggestive déjà citée (1), a appris de lui à invoquer Jésus sous le nom de Seigneur, à confesser de Jésus-Christ ou du Christ Jésus qu'il est le Seigneur : que si de ta bouche tu confesses *Seigneur* Jésus-Christ, que si de ton cœur tu crois que Dieu l'a ressuscité d'entre les morts, tu seras sauvé (*Rom.*, x, 9). — Personne ne peut dire : Jésus est *Seigneur* sans le Saint-Esprit (I *Cor.*, xii, 3). Il déclare lui-même qu'il prêche Jésus-Christ comme Seigneur : Nous ne prêchons pas nous-mêmes, mais le Christ Jésus *Seigneur* (II *Cor.*, iv, 5). Ce sont là des formules créées par lui ; elles ont toute la netteté d'un article du symbole. Dans les communautés judéo-chrétiennes de Palestine et de Syrie, on était habitué à confesser Jésus comme le Christ. Jésus est le Christ, telle était l'expression de leur foi. Nous nous trouvons donc en face d'une vraie substitution... Le nom du Christ d'origine juive, n'était compris que par les Juifs. Il n'avait pas de sens pour celui qui n'avait jamais lu l'Ancien Testament et qui ignorait le travail de ses commentateurs. Le grec ou le païen auquel on présentait Jésus comme le Messie n'était pas intéressé, ni même sa curiosité éveillée, puisqu'il n'avait pas participé à l'attente d'Israël. Il devenait hors d'usage, dans les églises helléniques, comme titre et comme expression de foi. Plus encore que son origine, le sens que les judaïsants lui donnaient, la frappe particulière dont ils l'avaient marqué, devaient encourager saint Paul à le laisser perdre. Pour ces chrétiens, la formule : Jésus est le Messie, désignait encore le héros national, suscité par Dieu, pour restaurer le royaume des pères, pour purifier le temple et

____

(1) *Etu les sur la théologie de saint Paul. — Revue biblique*, 1er juillet 1903, p. 345-350.

rappeler à l'observance plus parfaite de la loi. L'Apôtre, qui a conçu le salut messianique comme indépendant de ces organes de sanctification et comme universel, devait éviter une méprise grave. Il rompit audacieusement toutes les attaches nationales et étroites qui pouvaient nuire à l'évangile, et de même qu'il évite dans son enseignement les allusions au royaume de Dieu, il écarte le titre du Messie. Celui-ci du reste ne suffit pas à expliquer la personnalité de Jésus, maintenant qu'il est installé dans la gloire. C'est pourquoi Paul le révèle et il l'éclaire dans son état nouveau en le prêchant et en l'invoquant comme Seigneur. Ce nom a-t-il été créé par saint Paul ou bien a-t-il été emprunté à la tradition évangélique ? Nous estimons que l'Apôtre l'a reçu des Douze, mais qu'il lui a substitué un sens nouveau. Le mot κύριος devait se trouver dans la catéchèse.....

« ..... Saint Paul a retenu ce titre. De même que les apôtres, témoins du ministère public de Jésus, l'avaient invoqué Κύριε, lui aussi le priera sous ce titre, mais il en étend la signification : c'est une seigneurie, une excellence d'un autre ordre qu'il confesse. La maîtrise que Jésus avait exercée aux jours de son activité en Judée et en Galilée, maîtrise de thaumaturge et d'exorciste, maîtrise de docteur et de prophète, est passée ; elle n'entre pas dans son intuition. Il n'est pas arrivé à la foi par des voies lentes et progressives, par une méditation réfléchie de l'œuvre du Christ historique. La Κυριότης réduite et temporaire de celui-ci ne l'a pas retenu. C'est le Seigneur installé dans l'éternité, associé à la toute-puissance du Père qu'il prêche. »

Puis, ayant remarqué que Paul ne regarde pas le Christ « comme un être humain divinisé qui, par l'apothéose serait sorti de notre sphère », mais qu'il « invite à l'adorer comme un Dieu » par la substitution hardie de Κύριος-Ἰησοῦς à la for-

mule ancienne de Κύριος-Yahvé, l'auteur ajoute :
« S'il n'identifie pas Κύριος-Ἰησοῦς avec Κύριος-Yahvé,
il marque que la Κυριότης de celui-là est de même
essence que celle de Yahvé ; il réclame pour lui
la même invocation qui, dans l'espèce, est une
adoration.... Si l'on prend garde que le mot κύριος
chez les Grecs, était synonyme de Dieu, que Paul,
informé des notions élémentaires de leur théologie, n'a pas craint de le mettre en circulation dans
des communautés chrétiennes, de conversion
récente, à peine dépouillées des croyances d'autre-
fois, qui en avaient encore conservé les cadres, et
qui, par l'entrain naturel de leur pensée, devaient
croire Jésus-Seigneur Dieu, on comprendra tout
le sens et la portée de la confession de saint Paul...

« ... Ni son apparition sur la terre, ni son exaltation auprès de Dieu ne marquent le commencement de son être. Son état actuel n'est qu'un
Après relié par l'incarnation à un état antérieur
qui est un Avant éternel. S'il a une postexistence
divine, c'est qu'il préexistait comme un Dieu.
Voilà le sens nouveau que nous trouvons attaché
à ce mot humble dans ses origines, mais dont la
destinée fut extraordinaire. »

Quand Paul fait mention du Christ de l'histoire,
c'est indirectement, par allusions rapides à des
faits connus de ses lecteurs. Ils savent déjà que
Jésus est un homme (1), né d'une femme, sous la
loi mosaïque (2), de la postérité d'Abraham (3), de
la race de David selon la chair (4). Israélite (5), il
avait des parents, entre autres l'apôtre Jacques (6),
et des amis, parmi lesquels les douze apôtres
qu'il s'était choisis (7). En prenant notre nature,

(1) I *Cor.*, xv, 21 ; *Rom.*, v, 15 ; viii, 3 ; *Philipp.*, ii, 7, 8 ; I *Tim.*,
ii, 5 ; iii, 16.
(2) *Gal.*. iv, 4.
(3) *Gal.*, iii, 16.
(4) *Rom.*, i, 3 ; II *Tim.*, ii, 8.
(5) *Rom.*, ix. 5.
(6) *Gal.*, i, 19 ; I *Cor.*, ix, 5.
(7) *Gal.*, ii, 7 ; I *Cor.*, ix, 5 ; xv, 5.

il s'est appauvri, humilié pour nous (1). Il s'est fait obéissant jusqu'à la mort sanglante (2), sans cependant être lui-même coupable d'aucun péché (3). Il s'est livré pour nous, pour notre salut, pour notre rédemption (4). Il a été trahi la nuit, après l'institution de l'Eucharistie (5). On l'a outragé (6). Il a souffert (7) sous Ponce-Pilate (8). Il a été immolé (9), crucifié (10), publiquement (11), cloué à une croix (12) de bois (13), sur laquelle il est mort (14). Il fut enseveli dans un tombeau (15), et le troisième jour, selon les Ecritures (16), Dieu l'a ressuscité d'entre les morts (17). Ressuscité en son corps, désormais incorruptible, glorieux, plein de force, spirituel, Jésus, homme céleste, n'appartient pas à la terre (18). Il est apparu à Céphas, aux Douze, à cinq cents frères à la fois, à Jacques, à tous les apôtres et enfin à Paul lui-même (19). Il est monté aux cieux (20) où, élevé dans la gloire (21), assis à la droite de Dieu (22), il intercède pour nous (23), il règne sur l'univers (24), en attendant qu'il

(1) II *Cor.*, xiii, 9 ; *Philipp.*, ii, 7, 8.
(2) *Philipp.*, ii, 8.
(3) II *Cor.*, v, 21 ; *Rom.*, viii, 3.
(4) Voir plus haut p. 38-41 les textes concernant la sotériologie.
(5) I *Cor.*, xi, 23.
(6) *Rom.*, xv, 3.
(7) II *Cor.*, i, 5 ; *Philipp.*, iii, 10.
(8) I *Tim.*, vi, 13.
(9) I *Cor.*, v, 7.
(10) I *Cor.*, i, 23 ; ii, 2 ; II *Cor.*, xiii, 4 ; *Gal.*, iii, 1.
(11) *Rom.*, iii, 25.
(12) *Coloss.*, ii, 14.
(13) *Gal.*, iii, 13.
(14) I *Thess.*, v, 10 ; I *Cor.*, viii, 11, xv, 3 ; II *Cor.*, v, 14, 15.
(15) I *Cor.*, xv, 4.
(16) I *Cor.*, xv, 4.
(17) I *Thess.*, i, 10 ; *Gal.*, i, 1 ; I *Cor.*, vi, 11 ; xv, 15 ; II *Cor.*, iv, 14 ; *Rom.*, iv. 24 ; viii, 11 ; *Eph.*, i, 20 ; ii, 6 ; *Coloss.*, ii, 12.
(18) I *Cor.*, xv, 42-49.
(19) I *Cor.*, xv, 5-9.
(20) *Eph.*, iv, 8-10.
(21) I *Tim.*, iii, 16.
(22) *Rom.*, viii, 34 ; *Eph.*, i, 20 ; ii, 6 ; *Coloss.*, iii, 1.
(23) *Rom.*, viii, 34.
(24) *Eph.*, 20-23 ; *Philipp.*, ii, 9-12.

revienne pour juger les vivants et les morts (1).

A peine touche-t-il terre un instant que Paul se rejette de suite, pour ainsi dire, dans la contemplation de l'éternité. S'il semble reprendre haleine, c'est moins pour lui que pour marquer à ses lecteurs l'identification du Christ éternel dont il les entretient et de Jésus de Nazareth connu par l'Evangile. Il le voit dans la gloire, il le considère dans sa vie supra-terrestre. L'apparition du Christ ici-bas n'a été que momentanée et temporaire. Son existence ne date pas du jour où il fut homme ; il vivait auparavant. Quand vint la plénitude des temps, Dieu envoya son Fils, né d'une femme, né sous la Loi, pour racheter les hommes et les gratifier du bienfait de l'adoption (2) ; mais l'existence du Christ est antérieure à son origine humaine ; comment eût-il été envoyé par son Père, s'il n'eût déjà existé ? Il était au temps où les Israélites buvaient, dans le désert, à un rocher spirituel qui les suivait. Or ce rocher, c'était le Christ (3). Il existait avant tout, engendré qu'il était avant toutes créatures (4). C'est en lui que Dieu nous a élus avant la création du monde (5) ; c'est en lui que cette grâce nous a été donnée avant les temps éternels (6) ; car nous avons été créés dans le Christ Jésus (7).

Jésus n'est pas seulement le premier-né de toute créature. Lui-même, il est le Créateur, le Principe et la Fin de tout. En lui tout a été créé, les choses du ciel, comme celles de la terre, les visibles comme les invisibles, trônes et seigneuries, principautés et puissances (8). Tout a été créé par lui et pour lui (9). Il est le principe permanent de la

(1) II *Thess.*, i, 7-11 ; II *Tim.*, iv, 1.
(2) *Gal.*, iv, 4.
(3) I *Cor.*, x, 4.
(4) *Coloss.*, i, 15, 17.
(5) *Eph.*, i, 4.
(6) II *Tim.*, i. 6.
(7) *Eph.*, ii, 10.
(8) *Coloss.*, i, 16. — I *Cor.*, viii, 6
(9) *Coloss.*, i, 16.

cohésion et de la perpétuité du monde. Le Christ est tout et il est en tous (1) ; il est avant tout et c'est en lui que tout subsiste (2).

Et Paul, continuant à pénétrer dans le mystère de cette préexistence en découvre la raison d'être, en même temps qu'il nous donne la clef de toute sa doctrine. *Le Christ est Dieu : il a substantiellement* tout le plerôme, *toute la plénitude de la divinité* (3) ; *il est* au-dessus de tout, et *Dieu béni à jamais*. Amen (4). Avant de prendre la forme humaine, il subsistait *dans la forme de Dieu* (5). L'Apôtre ne craint pas d'appliquer à Jésus les textes de l'Ancien Testament qui se rapportent à Dieu lui-même (6). Il recommande aux chrétiens de se préparer à la manifestation de la gloire du *Grand Dieu notre Sauveur Jésus-Christ* (7). Paul

(1) *Coloss.*, III, 11. — *Eph.*, I, 23.
(2) *Coloss.*, I, 17.
(3) *Coloss.* ; II, 19 ; I, 19.
(4) *Rom.* ; IX, 5 ; Voir le commentaire de ce texte dans la *Revue biblique* (1ᵉʳ octobre 1903, p. 550-570). Le R. P. DURAND termine par cette conclusion : « Il faut convenir, avec saint Cyrille (*ad. Julian.*, X), qu'on ne saurait souhaiter un témoignage plus clair en faveur de la divinité de Jésus-Christ. »
(5) *Philipp.*, II, 6. Voir l'étude de ce texte par J. LABOURT, dans la *Revue biblique* (1ᵉʳ juillet 1898, p. 402-415, et 1ᵉʳ octobre 1898, p. 553-562). L'auteur dit notamment : « Cette manière d'être réelle, préexistante à l'incarnation, et toujours permanente, c'est la nature, la substance, l'essence même de Dieu. Telle est la conclusion que tous les Pères, et en particulier saint Chrysostome, tirent de la comparaison de μορφή Θεοῦ avec μορφή δούλου. A moins d'admettre une interprétation docète ou apollinariste que ne supporte point le texte examiné en dehors de tout préjugé de secte, il faut convenir que μορφή δούλου signifie φύσις δούλου. Car c'est un homme, au vrai sens du mot, qui a subi l'ignominie de la croix. « Si donc, dit saint Chrysostome, μορφή δούλου signifie φύσις δούλου, pourquoi μορφή Θεοῦ ne signifierait-il pas φύσις Θεοῦ ? (*Hom.*, II, *ad Hell.*) De même que μορφή δούλου signifie homme *simpliciter*. ainsi μορφή Θεοῦ ne peut signifier que Dieu. »
(6) Ces citations sont généralement faites d'après les Septante ; voir I *Cor.*, X, 9, et *Nombres*, XXI, 6 ; *Rom.*, X, 11 et *Isaïe*, XXVIII, 16 ; *Rom.*, X, 13, et *Joël*, II, 32 ; *Eph.*, IV, 8 et *Psaume* LXVII, 19, etc.
(7) *Tite*, II, 13. ἐπιφάνειαν τῆς δόξης τοῦ μεγάλου Θεοῦ καὶ σωτῆρος ἡμῶν Χριστοῦ Ἰησοῦ. Il n'y a qu'un seul article qui se rapporte à Jésus-Christ qualifié à la fois de grand Dieu et de Sauveur. Si Paul avait entendu parler de Dieu le Père, par opposition à Jésus

pousse encore plus loin ses précisions. Après avoir identifié le Christ éternel avec Dieu, il a bien soin de distinguer les personnes divines et de ne pas confondre le Père avec le Fils. A maintes reprises, il mentionne Dieu le Père (1), et quand il dit Dieu tout court (2), c'est du Père qu'il s'agit. Souvent dans la même phrase, il disjoint les termes pour mieux distinguer les personnes (3), mais en marquant toutefois par le singulier du verbe la communauté d'action : « Que Dieu notre Père et notre Seigneur Jésus nous *aplanisse*, donc le chemin vers vous. » — « Que notre Seigneur Jésus-Christ et Dieu notre Père... *console* votre cœur et l'*affermisse* (4). » Jésus, en effet, a Dieu pour Père (5). Il est véritablement le *Fils de Dieu* (6), le *propre* Fils de Dieu (7), l'*image* de Dieu (8), l'*égal* de Dieu (9) et la splendeur de la gloire divine resplendit sur sa face (10). « Le dogme de la divinité de Jésus, la christologie, apparaît, dans de telles déclarations, formé, explicite : vingt-cinq ou trente années après que Jésus a disparu de ce monde, sa personnalité est conçue par la foi chrétienne comme celle du Fils, du propre Fils de Dieu (11). »

C'est donc son propre Fils que Dieu a envoyé dans la ressemblance de la chair du péché (12), quand la plénitude des temps fut venue, pour la

notre Sauveur, il ne lui aurait pas attribué la manifestation, l'ἐπιφάνεια, terme, qui, dans son langage, ne signifie que la parousie du Christ. (Cf. I *Tim*, VI, 14 et II *Tim.*, IV, 1, 8.)
(1) I *Thess.*, I, 1, 8 ; III, 11, 13 ; II *Thess.*, I, 1, 2 ; II, 16, etc.
(2) I *Thess.*, I, 2, 4, 9 etc.
(3) I *Thess.*, I, 1, 3, 9, 10 ; III, 11, 13 ; II *Thess.*, I, 1, 2 ; II, 16, etc.
(4) I *Thess.*, III, 11 ; II *Thess.*, II, 17, etc.
(5) II *Cor.*, XI, 31.
(6) I *Thess.*, I, 10 ; *Gal.*, I, 16 ; II, 20 ; IV, 4 ; I *Cor.*, I, 9 ; XV, 28 ; II *Cor.*, I, 19 ; *Rom.*, I, 3, 4, 9 ; V, 10 ; VIII, 3, 29, 32 ; *Eph.*, IV, 13 ; *Coloss.*, I, 13. Cette affirmation est ainsi reproduite seize fois.
(7) *Rom.*, VIII, 32.
(8) II *Cor.*, IV, 4 ; *Coloss.*, I, 15.
(9) *Philipp.*, II, 6.
(10) II *Cor.*, IV, 6.
(11) Mgr BATIFFOL, *L'Enseignement de Jésus*, p. 212, 213.
(12) *Rom.*, VIII, 3.

rédemption du monde (1). Et le Fils, alors qu'il subsistait dans la forme de Dieu, bien qu'égal à Dieu, n'a pas cru s'attacher avidement aux prérogatives que lui conférait cette égalité, mais, au contraire, s'est dépouillé lui-même pour prendre la forme d'esclave, devenir semblable aux hommes, apparaître avec l'extérieur d'un homme véritable et s'est humilié dans l'obéissance jusqu'à mourir sur la croix (2).

Ainsi le Christ est à la fois *Dieu et homme*. Et toute la christologie paulinienne est ramassée et résumée, pour ainsi dire, dans un texte fondamental, qui met en relief cette dualité de nature. Paul écrit aux Romains que « l'Evangile de Dieu, promis auparavant par les prophètes, dans les saintes Ecritures, a pour objet son Fils, *né de la race de David selon la chair* et déclaré *Fils de Dieu en puissance selon l'Esprit de Sainteté* par le fait de la résurrection d'entre les morts, Jésus-Christ, notre Seigneur (3) ». Ces versets nous présentent, dans leur ordre chronologique, les trois stades de l'existence du Christ ; — en premier lieu, la *préexistence* ; « l'Evangile que Dieu avait promis dans les Ecritures, au sujet de son Fils ». Dieu avait annoncé à l'avance, comme il ressort de la suite du texte, non pas l'origine première du Christ, mais sa double manifestation dans l'humilité et dans la gloire. La mention de sa naissance temporelle équivaut à celle de son apparition dans la chair, elle ne signifie nullement sa venue à la vie ; elle présuppose qu'il préexistait déjà, aussi bien pour pouvoir se manifester sous une forme humaine, que pour révéler à l'avance aux prophètes cette manifestation temporelle ; — en second lieu, l'*incarnation*. « Le Fils de Dieu est né de la semence de David, selon la chair, » c'est-à-dire qu'il a pris la nature humaine.

(1) *Gal.*, iv, 4.
(2) *Philipp.*, ii, 5-9 ; voir Labourt, *loc. citat.*
(3) *Rom.*, i, 1-1.

La chair dans laquelle il né humainement, κατὰ σάρκα, n'est pas une apparence, non plus que le produit d'une création spéciale ; c'est une réalité, et une réalité humaine, comme toute génération d'homme. Il est né de la semence de David qui, communiquée de génération en génération, de famille en famille, aboutit à lui ; il est de la race davidique à laquelle il appartient par sa chair et son sang. Il est véritablement homme, Juif, fils de David ; — enfin *la glorification*. Il est « déclaré Fils de Dieu en puissance, selon l'Esprit-Saint, par le fait de la résurrection d'entre les morts. » C'est la seconde manifestation au monde du Christ éternel. Après s'être montré dans la chair, il se montre dans la gloire éternelle. Et sa gloire et sa puissance éclatent, aux yeux des hommes, par le fait de sa résurrection. Il apparaît, non plus seulement comme un homme, mais comme le Fils de Dieu puissant. Cette exaltation ne résulte pas de son origine davidique; elle en est indépendante au contraire. Il est Fils de David, selon la chair, κατὰ σάρκα, il est manifesté Fils de Dieu, selon l'esprit de sainteté, κατὰ πνεῦμα ἁγιωσύνης. On a remarqué le parallélisme de ces deux membres de phrases :

περὶ τοῦ υἱοῦ αὐτοῦ
τοῦ γενομένου ἐκ σπέρματος Δαυεὶδ κατὰ σάρκα
τοῦ ὁρισθέντος υἱοῦ Θεοῦ ἐν δυνάμει κατὰ πνεῦμα ἁγιωσυνης

Et de même qu'humainement il est vrai fils de David, il est vrai Fils de Dieu selon l'Esprit de sainteté. « Cet Esprit, par contraste avec la chair, l'humanité, est donc un élément extradavidique, extrahumain, tout surnaturel et spécifiquement divin associé à la nature humaine avec laquelle il se réunit dans une même personnalité qui est celle du Fils de Dieu », écrit le R. P. Rose. On ne saurait, en effet, identifier cet Esprit de sainteté avec l'Esprit-Saint, la troisième personne de la sainte Trinité. L'antithèse de σάρξ et de πνεῦμα requiert la même personne. Il faut entendre cette expression dans le sens de « nature divine qui a exigé l'état et l'éclat de Fils de Dieu... Le mot κατά appliqué à πνεῦμα a une valeur plus grande que κατά rapporté à σάρκα. Ici, il doit être traduit selon la chair ; là selon l'esprit de sainteté et *en vertu* de cet Esprit. L'état de Fils de Dieu puissant auquel la résurrection lui a donné accès correspondait à cet esprit de sainteté, lui était proportionné et par conséquent était exigé par lui : or cet état a une transcendance divine, puisque le Fils a hérité de la gloire de la toute-puissance du Père ; il faut donc que sa cause adéquate soit elle-même de transcendance divine, d'ordre divin. Un esprit humain, quelque enrichi qu'il soit des dons de Dieu, n'était pas susceptible d'une telle exaltation... Si l'Apôtre... a enserré dans le premier membre du parallélisme tous les attributs naturels à l'homme, corps humain et âme humaine, il veut évidemment, par le mot πνεῦμα, désigner la nature divine, étant donné surtout qu'il fait contraste entre l'homme fils de David et le Fils de Dieu installé dans la gloire de Dieu (1). »

Il résulte de cet exposé que la christologie de saint Paul confine à celle de saint Jean. Sauf le vocabulaire, la conformité n'est pas douteuse, comme on le constatera mieux par la suite. De savoir si le contact avec la philosophie néo-platonicienne à Ephèse et à Corinthe, si les entretiens d'Apollos, le philosophe alexandrin converti, et de ses disciples, ont influencé les conceptions de Paul, est chose presque impossible. On peut cependant le conjecturer avec quelque vraisemblance, surtout si l'on observe que les Epîtres proprement christologiques de l'Apôtre sont postérieures à son arrivée dans les cités helléniques. On remarquera toutefois que Paul n'a guère puisé à cette source et que ce sont l'Ancien Testament, les tra-

_____

(1) R. P. ROSE, *Revue biblique, loc. citat.,* p. 354-361.

ditions apostoliques et son expérience personnelle qui lui ont fourni les principaux éléments de sa christologie et de sa théodicée. Saint Jean apportera de la précision dans les formules et le progrès qu'il marquera sera surtout une adaptation de la terminologie alexandrine.

Il est clair que Paul manque de termes, qu'il ignore le langage de la philosophie, qu'il est embarrassé pour exprimer ses concepts théologiques, qu'il a à son service un vocabulaire insuffisant, et qu'il torture les mots pour les adapter aux exigences de sa pensée. D'autre part, s'il a contribué puissamment à éclairer le dogme et à projeter de vives lumières sur le problème de la divinité de Jésus-Christ, on ne peut dissimuler qu'il n'a pas mené l'œuvre à sa perfection et qu'il n'a pas résolu la question des rapports du Père et du Fils. Il y a, dans ses écrits, des traces de subordinatianisme manifestes qu'on ne peut mettre uniquement sur le compte de l'indigence de son vocabulaire et sur la difficulté d'exprimer des idées nouvelles avec une terminologie que l'Apôtre maniait mal. Cette indigence et cette difficulté sont réelles mais ne suffisent pas à tout expliquer. Il ne paraît pas non plus, comme on l'a pensé, qu'il soit toujours « aisé de répondre que cette subordination est ministérielle, non essentielle (1) ». Cela est aisé, souvent, surtout quand le Christ est représenté comme médiateur ; mais encore ne peut-on dire que cela le soit toujours. Paul nous enseigne qu'il n'y a qu'*un* Dieu, le Père, de qui sont toutes choses et nous à lui ; et *un* Seigneur, Jésus-Christ, par qui nous sommes nous-mêmes (3). Entre Dieu et nous, il place donc le Seigneur. Et cette subordination n'est pas simplement de rang. Il semble bien que le titre d'un seul Seigneur s'oppose à celui d'un seul Dieu (3). Paul concevrait-

(1) TIXERONT, *Histoire des dogmes*, I, p. 87.
(2) I *Cor.*, VIII, 6 ; XII, 5, 6.
(3) I *Cor.*, XII, 5, 6.

il le Seigneur comme une sorte de démiurge chargé de créer le monde, de le gouverner et d'en être responsable devant Dieu le Père ? Des textes comme ceux où il est dit que Dieu est le chef du Christ (1), que tout est au Christ, et que le Christ est à Dieu (2), que le Fils, après avoir tout soumis, remettra son règne à Dieu et lui sera soumis à son tour (3), pourraient le laisser entendre. Cependant, semble-t-il, ce serait forcer outre mesure la pensée de Paul que d'interpréter ces textes dans un sens nettement subordinatien. Il ne faut pas les isoler de la doctrine de l'Apôtre qui est nette et franche d'allures : Jésus est Dieu. Tout l'effort de la pensée paulinienne se porte sur ce point et non pas sur celui de savoir comment Jésus est Dieu. On n'est pas encore entré dans les subtilités métaphysiques des âges postérieurs. Chaque problème à son heure ; plus tard on essaiera de définir les rapports du Fils avec le Père ; alors le subordinatianisme se donnera libre carrière ; mais Paul n'a pas devancé son époque à cet égard. S'il ne prend pas garde à ses formules, c'est parce qu'il ne peut soupçonner une hérésie qui n'est pas encore née. Autrement l'Apôtre eût serré de plus près sa phraséologie et n'eût pas laissé dans son œuvre quelques imprécisions, qui, de-ci, de-là, semblent défigurer sa pensée.

Art. II

La Christologie de l'Epître aux Hébreux.

Ce n'est pas ici le lieu d'exposer les difficultés relatives à l'authenticité de l'Epître aux Hébreux. Qu'il suffise de remarquer que si, dans leur ensemble, les critiques protestants contestent l'origine paulinienne de cet écrit, un certain nom-

---

(1) I *Cor.*, xi, 3.
(2) I *Cor.*, iii, 23.
(3) I *Cor.*, xv, 24-29.

bre de critiques catholiques se rangent à l'opinion d'Origène rapportée en ces termes par Eusèbe : « Quant à moi, voici mon sentiment : je crois que les pensées sont de l'Apôtre ; mais la langue et la disposition des mots sont d'un autre qui aura reproduit de mémoire les paroles de l'Apôtre, et, pour ainsi dire, expliqué à la façon d'un scoliaste ce que son maître avait dit. Si donc quelque église tient cette épître comme de saint Paul, il n'y a qu'à l'approuver ; car ce n'est pas sans de bonnes raisons que les anciens nous l'ont transmise comme étant de Paul. Quant à savoir précisément qui a écrit cette Épître, Dieu seul le sait (1). » Les noms les plus divers ont été proposés : Barnabé, Luc, Clément de Rome, Silas, Priscille et Aquilla, etc. Certains inclinent pour Apollos et cette dernière opinion n'est pas dénuée de fondement.

On constate, en effet, dans cette Épître, surtout au point de vue doctrinal, l'influence paulinienne ; on en conclut que le rédacteur connaissait très bien la pensée de l'Apôtre, qu'il devait être un de ses disciples vivant dans son intimité. L'examen de la Lettre conduit à d'autres conclusions : son auteur était un Juif, très au courant de la langue et de la rhétorique grecques, ayant reçu une éducation alexandrine. Tandis que, dans son œuvre, le judaïsme palestinien est à peine perceptible, l'influence du judaïsme alexandrin y paraît manifeste. L'exégèse de l'écrivain qui regarde les personnes et les institutions de l'Ancien Testament comme des types ou des symboles des plus hautes vérités, se rapproche de l'exégèse alexandrine. Le rédacteur conçoit, à la manière de Philon, les rapports du monde visible avec le monde invisible et cette ressemblance va même jusqu'à la similitude des expressions (2).

____

(1) *Hist. eccl.*, VI, 25.
(2) Voir JACQUIER, *Histoire des livres du N. T.*, Tome I, p. 479.

Or, nous savons qu'Apollos était un juif d'Alexandrie, cultivé, versé dans les Ecritures, orateur de tempérament (1). Initié au christianisme dans sa patrie (2) il importa dans la chrétienté d'Ephèse, récemment fondée par Paul, la philosophie alexandrine, qu'il mit au service de sa foi (3). Des disciples de l'Apôtre, le juif Aquila et sa femme Priscille, demeurés à Ephèse pendant que Paul se rendait à Jérusalem, témoins du succès avec lequel le converti enseignait « exactement ce qui concerne Jésus », remarquèrent que son éducation chrétienne était incomplète. Ils le prirent avec eux, lui exposèrent plus exactement la voie du Seigneur et achevèrent de l'instruire (4). Sur ces entrefaites, rapporte le *Codex Bezae*, « quelques Corinthiens, qui se trouvaient alors à Ephèse, entendirent Apollos et l'engagèrent à revenir avec eux dans leur patrie. Il y consentit. Les Ephésiens écrivirent aux disciples de Corinthe de le recevoir. Arrivé en Achaïe, Apollos y servit beaucoup l'Eglise. » Il réfutait vivement les Juifs en public, démontrant par les Ecritures que Jésus est le Christ (5). Pendant qu'Apollos était à Corinthe, Paul revint à Ephèse, où il se rendit compte que l'enseignement de l'Alexandrin lui avait préparé la voie ; la culture grecque du philosophe était de nature à séduire les juifs hellénistes et les païens. Aussi l'apostolat de l'Apôtre fut-il fécond pendant les trois années qu'il passa dans cette ville et beaucoup de Juifs et de Gentils se convertirent (6). De son côté, Apollos obtenait un succès considérable en Achaïe, où il arrosait et fécondait le champ défriché et ensemencé par Paul (7). L'élégance de sa parole, la subtilité de

(1) *Actes*, XVIII, 24.
(2) D'après le *Codex Bezae*.
(3) *Actes*, XVIII, 19-22.
(4) *Actes*, XVIII, 25, 26.
(5) *Actes*, XVIII, 28.
(6) *Actes*, XIX, 8, 10, 17-20.
(7) I *Cor.*, III, 0.

son exégèse, l'élévation de ses spéculations méta-physiques étaient bien faites pour charmer les Grecs et augmenter, au détriment de l'Apôtre, le prestige du brillant controversiste. On établit des comparaisons en faveur de l'un et au désavantage de l'autre (1). La division se mit dans l'Eglise de Corinthe ; il y eut les partisans d'Apollos et les partisans de Paul (2). Bien loin de s'abandonner à une mesquine jalousie, l'Apôtre trancha dans le vif et accusa l'orgueil des Corinthiens d'être la cause véritable du mal. Il blâma leur recherche de la sagesse humaine (3), leurs exigences intellec-tuelles, leur goût des spéculations hasardées, leur dilettantisme oratoire (4). Discrètement il désapprouva Apollos qui s'était peut-être prêté trop facilement à ces fantaisies peu chrétiennes, non pas en le prenant directement à partie, mais en écrivant brutalement que l'Evangile que lui, Paul, a reçu mission du Christ de prêcher, sans souci de l'art de l'éloquence, est une folie qui n'a rien de commun avec la sagesse hellénique (5). Il s'opposait, non sans ironie, à l'habile disputeur de ce siècle (6). Il ne semble pas cependant que Paul ait eu personnellement le moindre ressenti-ment contre Apollos. Le philosophe était sans doute revenu à Ephèse à la suite de ces divisions et c'est sur les prières instantes de Paul qu'il retourna à Corinthe (7) ; plus tard l'Apôtre recom-mandera à Tite de veiller à ce que le mission-naire alexandrin ne manque de rien pendant son voyage en Crète (8).

Est-il dès lors imprudent de conjecturer que les doctrines d'Apollos aient elles-mêmes réagi sur

(1) I *Cor.*, IV, 6.
(2) I *Cor.*, I, 12 ; III, 4, 6, 22.
(3) I *Cor.*, I, 22.
(4) I *Cor.*, I, 17.
(5) I *Cor.*, I, 17 à IV, 14.
(6) I *Cor.*, I, 20.
(7) I *Cor.*, XVI, 12.
(8) *Tite*, III, 13.

celles de Paul ! Et ne doit-on point attribuer à l'influence de l'Alexandrin, à l'atmosphère philonienne qu'il avait sinon créée, du moins fortement contribué à développer à Ephèse et en Achaïe, les points de ressemblance qu'on a cru découvrir entre les épîtres pauliniennes et les écrits de Philon ? « Il n'est pas douteux, affirme nettement le R. P. Calmes (1), que, durant ce séjour (à Ephèse), il (Paul) ne se soit mis au courant des doctrines que le philosophe d'Alexandrie venait d'importer dans la chrétienté d'Ephèse, et il est tout naturel de penser que plus tard, écrivant sa lettre aux habitants de Colosses, en même temps que la circulaire destinée aux différentes chrétientés d'Asie, connue aujourd'hui sous le nom de lettre « aux Ephésiens », il adapta son enseignement à la terminologie qu'Apollos d'Alexandrie avait vulgarisée à Ephèse. » Ce qu'il y a d'incontestable, en tous cas, c'est que les épîtres christologiques, celles où sont enseignées la préexistence, la puissance créatrice et l'éternité du Christ, celles où la doctrine christologique est si proche de l'Evangile selon saint Jean qu'il n'y manque guère que le terme de *Logos* (2), sont postérieures au séjour de Paul à Ephèse et en Achaïe. Apollos serait ainsi, non seulement le premier des philosophes apologistes, par qui la doctrine évangélique aurait pris contact avec la philosophie grecque, mais le point de jonction qui marque l'achèvement de la pensée paulinienne et annonce la pensée johannique. Et c'est exactement la situation de l'Epître aux Hébreux qui, par le philonisme, relie le quatrième Evangile aux Epîtres de Paul.

Il semble, en effet, aujourd'hui à peu près hors

____

(1) *L'Evangile selon saint Jean*, p. 96.
(2) Voir en particulier dans la Lettre aux Colossiens le passage (i, 12-20) qui « contient les expressions les plus saillantes du prologue johannique : φῶς, σκότος, πλήρωμα, πάντα δι' αὐτοῦ. La même terminologie se retrouve en divers endroits de l'épître aux Ephésiens. » R. P. Calmes, *l'Evangile selon saint Jean*, p. 96.

de conteste que cette Epître offre, combinée avec la spéculation alexandrine, la doctrine de l'Apôtre. Sans revenir sur les traces du judaïsme alexandrin signalées plus haut, on va retrouver dans la christologie de cet écrit la substance de la pensée de Paul.

Dès les premiers versets, l'auteur nous montre le Fils antérieur au monde et régnant dans l'éternité. Dieu, dans ces derniers temps, nous a parlé par son Fils, qu'il a engendré et dont il est le Père (1.) Ce Fils de Dieu, c'est Jésus (2), le Christ (3), le rayonnement de la gloire et l'effigie de la substance du Père (4). Son Père l'appelle Dieu (5), Seigneur (6) et le déclare éternel (7). Il est, en effet, toujours le même, hier et aujourd'hui et éternellement (8), car il demeure à jamais et est éternellement parfait (9). Il est Créateur et Providence ; par lui Dieu a tout créé, même les siècles (10). Au commencement il a fondé la terre, et les cieux sont l'ouvrage de ses mains (11). Fin et origine de tous (12), il soutient tout par sa parole puissante (13), Dieu l'a constitué, lui, le premier-né (14), héritier de tout (15). Il lui a tout soumis et n'a rien laissé qui ne lui soit assujetti (16).

Le Christ s'est offert lui-même à Dieu, éternellement (17) pour abolir le péché par son sacri-

(1) I, 5 à 8 ; III, 6 ; IV, 11 ; V, 5, 8 ; VI, 6 ; VII, 3, 28 ; X, 29.
(2) II, 9 ; IV, 14.
(3) III, 6 ; V, 5.
(4) I, 3.
(5) I, 8.
(6) I, 10.
(7) I, 8 à 13 ; VII, 24, 28.
(8) XIII, 8.
(9) VII, 24, 28,
(10) I, 2 ; XI, 3.
(11) I, 10.
(12) II, 10.
(13) I, 3.
(14) I, 6.
(15) I, 2.
(16) II, 7, 8.
(17) IX, 14.

fice (1). C'est pourquoi, entrant dans le monde, le Christ a dit : « Tu n'as voulu ni sacrifice ni offrande, mais tu m'as formé un corps ; tu n'as agréé ni holocaustes, ni sacrifices pour le péché. Alors j'ai dit : Voici, je viens pour faire ta volonté. » C'est en vertu de cette volonté que nous sommes sanctifiés par l'unique offrande du corps du Christ (2). Abaissé pour un temps au-dessous des anges (3), il est entré dans le monde (4), s'est fait homme et fils de l'homme (5), a participé au sang et à la chair de l'homme (6), a pris un corps comme nous (7). Issu de la tribu de Juda (8), devenu en tout semblable aux hommes (9), il n'a pas eu honte de les appeler ses frères (10). Pour nous sauver, il s'est montré miséricordieux, obéissant, fidèle, pieux envers Dieu (11), lui qui, innocent, sans tache, sans péché et séparé des pécheurs (12), a consenti, hormis le péché, à être éprouvé comme nous pour secourir ceux qui sont éprouvés (13).

Il s'est offert une fois pour toutes, afin de prendre sur lui les péchés de beaucoup, d'expier les péchés du peuple, d'abolir le péché par son sacrifice (14). Avec de grands cris et des larmes, des prières et des supplications, il s'est présenté à Celui qui pouvait le sauver de la mort (15) ; il s'est soumis à la croix et a méprisé l'ignominie (16), hors de Jérusalem, afin de nous sanctifier de son

(1) IX, 26.
(2) X, 5 à 11.
(3) II, 7, 9.
(4) I, 6 ; IX, 11 ; X, 5.
(5) II, 6.
(6) II, 14 ; V, 7, IX, 12, 14 ; X, 14, 20 29 ; XIII, 12.
(7) X, 5.
(8) VII, 14.
(9) II, 17.
(10) II, 11.
(11) II, 17 ; III, 1, 2 ; V, 7, 8.
(12) IV, 15 ; VII, 26 ; IX, 14.
(13) II, 18 ; IV, 15.
(14) II, 17 ; VII, 27 ; IX, 26, 28.
(15) V, 7.
(16) XII, 2.

sang (1). Il a souffert la mort pour tous (2) et de son propre sang, le sang de l'alliance, nous a obtenu d'une manière définitive la rédemption éternelle, en nous purifiant de nos péchés (3). Par un seul sacrifice, celui de l'offrande de son corps, Jésus-Christ nous a sanctifiés ; une seule offrande a suffi, car là où il y a rémission des péchés, il n'est plus nécessaire d'une autre offrande pour ces péchés (4). Par sa mort, Jésus a anéanti celui qui a puissance sur la mort, le diable (5), et il est devenu par ses souffrances, pour tous ceux qui lui obéissent, l'auteur d'un salut éternel, le Prince de leur salut (6).

Mais Dieu l'a ressuscité ; il a ramené d'entre les morts le grand pasteur des brebis dans le sang d'une alliance éternelle, Jésus, notre Seigneur (7). Dieu l'a couronné de gloire et d'honneur pour avoir souffert la mort (8). Il est désormais et pour toujours, assis à la droite de la majesté divine (9), dans les lieux très hauts, plus élevé que les cieux (10). Il est d'autant supérieur aux anges que le nom dont il a hérité, celui de Fils, l'emporte sur eux et qu'ils doivent l'adorer (11). Dans son repos éternel (12), il est constitué notre médiateur, le médiateur de la nouvelle alliance (13), notre Pontife, le Grand Prêtre unique, éternel, suprême (14), toujours vivant pour nous sauver et intercéder en notre faveur (15) celui qui appa-

(1) xiii, 12.
(2) ii, 9.
(3) i, 3 ; ix, 12 à 14 ; x, 29.
(4) x, 10, 11, 14, 18.
(5) ii, 14.
(6) ii, 10 ; v, 9.
(7) xiii, 20.
(8) ii, 7, 9.
(9) i, 3 ; viii, 1 ; x, 12 ; xii, 2.
(10) i, 3 ; vii, 26.
(11) i, 4 à 6.
(12) i, 8 à 13.
(13) viii, 6 ; ix, 15 ; xii, 24.
(14) ii, 17 ; iii, 1 ; iv, 14, 15 ; vi, 20 ; vii, 17, 21 à 28 ; viii, 1 ; ix, 11 ; x, 22.
(15) ix, 28.

raîtra à ceux qui l'attendent pour leur salut (1).

La christologie de cette Epître est sensiblement la même que celle de Paul, mais envisagée d'un point de vue différent. Tandis que pour l'Apôtre, la résurrection de Jésus est le fait fondamental autour duquel gravite toute sa doctrine, d'où il dégage la conséquence que Jésus, ressuscité, est glorifié et que, glorifié, il est préexistant, éternel et Fils de Dieu, l'auteur de cette Epître entre de plainpied dans l'éternité. La filiation divine est pour lui le point de départ. Le Fils de Dieu s'est fait homme pour nous sauver. Il est ainsi devenu notre victime, notre médiateur et notre Pontife éternel. Le sacrifice unique, accompli sur la terre, se perpétue dans le sanctuaire du ciel, où notre grand prêtre a pénétré, portant en ses mains son propre sang, et où il continue d'intercéder pour nous (2). Il n'est explicitement fait mention de la résurrection qu'une seule fois. C'est le Christ préexistant, éternel, Fils de Dieu, qui retient surtout l'attention. On constate ainsi un acheminement prononcé vers la christologie johannique. Considérée sous cet aspect, cette doctrine est plus proche de celle du quatrième Evangile contemplant le Verbe éternel, que de celle des Epîtres pauliniennes remontant de la résurrection à la glorification et à la préexistence du Christ. Que si l'on remarque que le vocable de *Logos*, employé dans cette Epître, semble devoir être interprété dans le sens johannique, on y verra un progrès de plus, sinon à proprement parler dans les idées, du moins dans la terminologie. « Dans l'Epître aux Hébreux, fait observer le R. P. CALMES (3), l'auteur insiste sur ce point, que le Fils de Dieu, auteur de la création universelle, est supérieur aux anges et la puissance créatrice, qu'il attribue au Fils de Dieu, il l'attribue égale-

(1) VII, 25.
(2) IV, 11 à 13 ; VII, 25.
(3) *L'Ev. selon saint Jean*, p. 95.

ment à la *parole divine*. La parole de Dieu a présidé à l'arrangement de l'univers (χατηρτίσθαι τοὺς αἰῶνας ῥήματι θεοῦ, XI, 3); *car le Verbe de Dieu est vivant et efficace* (ζῶν γὰρ ὁ λόγος τοῦ θεοῦ καὶ ἐνεργὴς, IV, 12). La comparaison des textes nous permet d'établir l'équation suivante, ὁ λόγος IV, 12 = ῥήμα XI, 3 ; or ῥήμα XI, 3 = υἱός I, 2 ; donc ὁ λόγος IV, 12 = υἱός I, 2. »

L'Epître aux Hébreux serait, dans cette hypothèse, comme une sorte de prélude au prologue de saint Jean. Et si l'on admet, suivant l'opinion commune, que cet écrit a été rédigé avant l'an 70, il faudrait en conclure que le quatrième Evangile n'a fait qu'utiliser et vulgariser un vocabulaire fixé dès longtemps avant son apparition.

TABLE DES MATIÈRES

410-06. — Imprimerie des Orphelins-Apprentis, F. BLETIT, 40, rue La Fontaine, Paris.

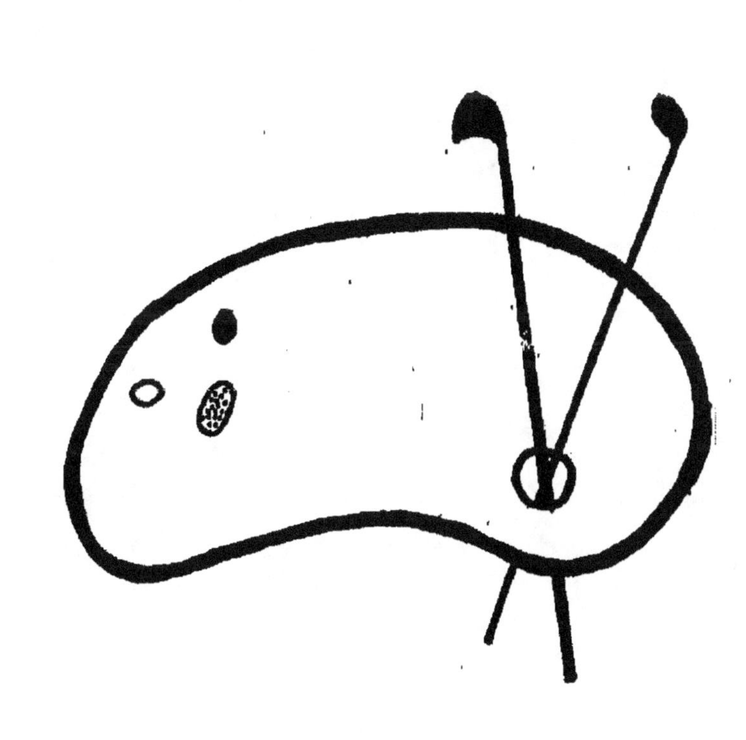

ORIGINAL EN COULEUR

NF Z 43-120-8